Stiftung für therapeutisches Schreiben und Lesen B. Schulze

Wir unterstützen die Kinderhospizarbeit in
Deutschland, Österreich und der Schweiz

Nebelträume (Band 3)
Herstellung und Verlag: BoD - Books on Demand, Norderstedt
© Claudia J. Schulze, 2020, Bilder von Anke Hartmann , Leipzig und
Helmi Bouker, Hergla (Tunesien), Lektorat: Phillo, Leipzig und Matthias
Ziebarth Frankfurt am Main, ISBN: 9783748118220

Wenn es einfach wäre, dann wäre es nicht lebendig

(Mia)

Kapitel 1 -

Kai und Räuber

Ebenso froh wie Lukas über die Wiederkehr Mias war, war auch Kai, als er endlich seinen geliebten alten Schäferhund „Räuber" wiederhatte.

Räuber begrüßte ihn so stürmisch, dass Kai beinahe das Gleichgewicht verloren hätte. „Hey, gehst du mit mir joggen?" wollte er von Räuber wissen?

Das brauchte er Räuber allerdings kein zweites Mal fragen. Sobald Kai sich die Jogginghose und seine schwarzen Turnschuhe anzog stand Räuber wie immer völlig aufgeregt mit dem Schwanz wedelnd neben ihm und konnte es kaum erwarten bis es losging. Kai war ein wirklich schneller Läufer und schon immer mit Abstand der sportlichste Junge der ganzen Klasse gewesen. Lukas selbst rannte zwar auch nicht gerade schlecht, aber das Training mit Räuber war doch etwas ganz Anderes – gewesen. Zu seinem großen Entsetzen bemerkte Kai, dass Räuber beim heutigen Lauf die Luft ausging, und dass der so ausdauernde Hund, der immer vor ihm gelaufen war nun zurückfiel, zunehmend langsamer und erschöpfter wurde. Kai setzte sich auf den weichen Waldboden und wartete darauf, dass Räuber endlich wieder zu ihm aufschließen würde.

Schließlich kam er angetrottet und setzte sich ebenfalls. Kai sah ihn sich genau an um zu sehen, ob es etwas gab das auf eine Krankheit von Räuber hinweisen könnte. Wenn jetzt doch nur Lukas da wäre. Der kannte sich mit so etwas viel besser aus. Nun blieb ihm allerdings nichts Anderes übrig als selbst hinzuschauen. Räuber sah eigentlich aus wie immer, nur, dass das Fell in seinem Gesicht mit einem Mal auffällig grau und stumpf aussah. Kai erschrak denn es würde ihm mit einem Schlag bewusst, dass Räuber sehr alt geworden war, dass er schwächer wurde, und dass er nicht für immer mit ihm durch den Wald würde rennen können. „Das macht doch nichts Räuber", sprach er auf ihn ein wie um ihn zu trösten. Im Grunde wollte er sich allerdings auch selbst ein wenig damit trösten. „Wir brauchen auch echt nicht zu rennen weißt du? Wir können ebenso gut so ganz gemütlich miteinander spazieren gehen, oder etwa nicht?" Räuber blickte ihn aus seinen dunklen Augen treuherzig an und Kai, der plötzlich einen Kloß im Hals verspürte, versuchte sich mühsam zu beruhigen, was gar nicht so leicht war. Dann dachte er an Agathe, an Annie und den Eintrag in ihrem alten Tagebuch. Agathes Tochter war schon viele Jahre tot, doch es gab, über sie, eine Erinnerung an seine Mutter als Kind. Kai tröstete dieser Gedanke. Er spürte nun, in diesem Moment, wie alles irgendwie ineinander überging, alles ineinanderfloss. Leben, Tod, das dazwischen, dazu die Gewissheit, dass wirklich niemand am Ende verloren gehen würde. Nicht einmal für eine Sekunde. Und das half ihm auch ein wenig an dem einen Tag an dem er so plötzlich und ganz entsetzt bemerkte, wie es denn tatsächlich um seinen Hund Räuber stand. Er sammelte sich noch ein wenig. Schließlich stand er auf und lief langsam los.

Räuber folgte ihm. „Es hat ja echt auch so seine Vorteile langsam zu gehen" wiederholte Kai seinen tapferen Versuch sich und Räuber zu trösten. „Man sieht viel mehr von der Umwelt". Räuber sah ihn wieder an mit seinem treuen, mittlerweile so grauem Gesicht in dem die Augen nun viel größer wirkten als sonst und wedelte glücklich mit dem Schwanz. „Ich werde einfach immer und immer mit dir in den Wald gehen, Räuber", versprach er ihm noch. „Und wenn ich Dich den ganzen Weg tragen muss." Kai meinte das nämlich ganz genauso wie er es sagte. Niemals hätte er seinen Hund im Stich gelassen. Er erinnerte sich an die Nacht, an dem er und Lukas Räuber aus der Waldhütte des alten Simon entführt hatten, weil sein Vorbesitzer, der alte Simon, ihn schlecht behandelte. Seither gab es für Kai keinen Tag ohne seinen „Räuber" – von der kurzen Zeit in Holland einmal ganz abgesehen.

Ruhig und gemächlich liefen, oder besser: trotteten die beiden den Weg gemeinsam zurück nachhause. Da es tatsächlich ab und an schon ganz schöne Vorteile hat langsam zu gehen sahen sie eine ganz besondere Eule.

Es war natürlich Luna. Und ein Tag an dem man Luna sah konnte wahrlich niemals, niemals ein schlechter Tag sein, so wie es dann auch nie eine schlechte Nacht sein konnte. Etwas ganz Ähnliches dachte wiederum auch Lukas in den Nächten, in denen Gerda oder Kieran um sein Haus flogen. Das war gut so, denn Kai standen noch ganz andere Herausforderungen bevor. Der endgültige Abschied von Räuber und von Maxime war abzusehen. Beide waren alt. Doch Klopfer, sein Hase war es nicht. Und doch war es gerade Klopfer, der ihn als erstes verlassen sollte. Ganz anders als vermutet, und für Kai besonders schmerzhaft.

Vor allem deshalb, weil es überhaupt keinen Sinn zu ergeben schien. Seine anderen Tiere waren alt. Immerhin konnte er sich da ein klein bisschen- ein bisschen- damit trösten. Aber die Sache mit Klopfer, die ergab wirklich einfach überhaupt gar keinen Sinn.

All das, und wie es dazu kam, ich erzähle es Euch ein wenig im Zeitraffer, nur damit die einzelnen Zusammenhänge etwas klarer werden, hing nur mit Regina zusammen, einem Mädchen das sich alles nahm was es wollte. Ganz unabhängig davon, ob die Dinge ihr gehörten oder nicht. Und so kam der Tag, an dem sie eben tatsächlich auch vor Klopfer nicht Halt machte und Kais Hasen einfach stahl. Sie hatte sich früh, schon lange vor der Schule an den Hasen-stall geschlichen, der an einer verwinkelten Ecke des Hauses war, isoliert und hoch genug, damit Klopfer geschützt war, mit Decken versehen und einem Schloss. Doch all das nützte nichts. Es konnte Klopfer nicht vor Regina retten. Sie war offenbar begabt, oder aber ziemlich geübt darin Schlösser zu knacken. Nach weniger als drei Minuten war das Schloss zum Hasenkäfig offen. Der Hase zappelte ängstlich auf ihrem Arm, und Regina nahm ihn mit in die Schule.

Sie ging nicht in Kais Klasse, so dass die anderen Kinder Kai kaum kannten, und daher eben auch nicht wissen konnten, dass es eigentlich Klopfer, der Hase von Kai war – nicht Reginas Hase.

Stolz zeigte sie ihn überall herum. Dann, in der großen Pause, ging sie mit ihm nach draußen und ließ ihn einfach laufen. Er verschwand sofort über den Schulhof, den schmalen Trampelpfad, vorbei am kleinen Weiher im Wald und wurde niemals wieder gesehen. Alle, die Schüler und die Lehrer gleichermaßen, waren von Reginas Verhalten geschockt, Kai lief bleich und unfähig etwas zu sagen in Richtung des Waldstücks. Regina wiederum wusste nicht warum sie das getan hatte. Warum sie den Hasen denn nicht wenigstens zurückgebracht hatte. Sie konnte sich selbst oft nicht verstehen, Vielleicht hingen ihre Aussetzer damit zusammen, dass ihr Vater jeden Schritt, den sie tat streng kontrollierte und überwachte. Oft verbot er ihr den Umgang mit den Kindern von Menschen die er nicht mochte, er bestimmte was sie anziehen sollte und was sie sich zum Geburtstag gefälligst zu wünschen hatte. Manchmal warf er sogar Dinge von ihr weg weil sie ihm nicht gefielen. Was *sie* wollte, wen sie mochte, was sie sich wünschte- das waren Dinge, die ihm offenbar egal waren. Wer weiß…vielleicht passierte deshalb ab und an etwas so gänzlich Unkontrollierbares mit ihr. Doch auch mit dieser Erklärung war weder Kai noch dem Hasen Klopfer geholfen. Kai war untröstlich.

Man sah es ihm vielleicht nicht an, so hartgesotten, wie er sich meistens gab, doch liebte er Tiere über alles.

Die ganze Schulklasse, sogar Angelina und auch die Parallelklasse, der mürrische Hausmeister und alle Lehrer, sogar die Direktorin, halfen mit den Hasen zu suchen, leider umsonst. Er wurde trotz allergrößter Bemühungen nicht mehr wieder gefunden. Ich weiß beim besten Willen nicht warum, doch Mia, die Freundin von Lukas und Kai, ging von diesem Ereignis an, *vom Tag des verschwundenen Hasen*, tatsächlich beinahe jeden Tag in den Wald, um nach Klopfer zu suchen. Gerade so als hoffte sie tief und inständig, dass Regina zurückkäme, wenn nur erst der Hase wieder da sein würde.

Regina selbst hatte die Schule nach diesem unglücklichen Vorfall nämlich noch in der gleichen Woche verlassen.

Doch vielleicht hingen noch ganz andere Dinge mit Regina zusammen. Ein wenig hatte sie wohl auch den Verdacht, dass Regina nicht nur Kais Hasen sondern auch *Fuchs*, ihren eigenen, roten Kater gestohlen haben könnte.

Doch es war natürlich nur ein kleiner, winziger und gänzlich unbewiesener Verdacht. Insgeheim hielt sie gerade Fuchs nämlich für zu schlau, um Regina auf den Leim zu gehen. Nur sicher war sie sich eben nicht. So oft Mia aber auch suchte: Weder der Hase noch Regina noch Fuchs kehrten zurück.

Es war Kai, der behauptete, dass Fuchs und der Hase erst an dem Tag oder erst in der Nacht zurückkommen würden, an dem genau sieben Raben mit vereinten Kräften laut nach den beiden riefen. Er erzählte es überall herum und schmückte es aus. Dies würde man, so sagte er, noch überdeutlich im Umkreis von vielen, vielen Kilometern hören. Das klang zwar insgesamt völlig unwahrscheinlich, doch aus reiner Neugier schon achteten die Kinder nun stärker auf die Raben als sie das bisher getan hatten. Allein das hat jedenfalls noch nie jemandem ge-schadet. Die Raben haben es nämlich zu jeder Zeit verdient, dass man auf sie achtet.

Mia suchte weiter. Täglich und ohne Hoffnung. Doch mit einem Mal, an einem der zahllos gewordenen Tage, an denen Mia im Wald nach dem Hasen suchte, sah sie plötzlich etwas Rotes in der Ferne aufblitzen.

Sie wusste nicht, ob sie sich darüber freuen sollte oder nicht, denn zwar sah es aus wie Fuchs – was natürlich schön war, da es jedoch immerhin bedeutete, dass er noch am Leben war.

Doch andererseits konnte sie noch immer nicht verstehen, warum er sie einfach so vergessen hatte. *Vergessen*, nun ja, das war wohl andererseits auch nicht das richtige Wort.

Sie musste an die Mäuse denken, die wohl Fuchs dort heimlich als Geschenk für sie hinterlegt hatte.

Offenbar wollte er, darüber hinaus, nichts mehr mit ihr zu tun haben. Wenigstens nicht direkt. Und das tat weh. Bei Kais Hasen wiederum war das wie Mia fand, etwas ganz Anderes. Wenn der einst entführte Hase Klopfer nicht mehr allein nach Hause zurückfand, so konnte ihm das immerhin ja wohl niemand ernsthaft vorwerfen. Ein unerfahrener

Hase hatte sicherlich anderes vor, so ganz allein im Wald.

Doch *Fuchs* war so klug, und mit Leichtigkeit hätte er zurückkehren können – falls er es gewollt hätte. Die traurige Tatsache, dass er das offenbar gar nicht wollte, war etwas, über das Mia häufig nachdenken musste. Nur eine wirkliche Antwort fand sie nie.

Zum Glück gab es Lukas, dachte sie. Bei ihm konnte sie einfach nur da sein. Sprechen brauchte sie nicht viel. Jedenfalls nicht, wenn ihr nicht danach war. Und das war gut so.

Mit dem Suchen hörte sie trotzdem nicht auf. Sie konnte einfach nicht anders.

Bei einem ihrer Versuche „Fuchs" zu finden, war Mia schließlich durch Zufall zu Kais geheimen Versteck vorgedrungen, eine Höhle beim alten Felsen. Dorthin zog er sich zurück um allein zu sein. Gepasst hat es ihm nicht als Mia dort aufkreuzte, soviel stand fest. Aber Kai wäre nicht Kai, wenn er nicht irgendwie dann doch das Beste aus der Situation gemacht hätte. Mia erreichte offenbar jedes Herz, so teilte Kai nicht nur bereitwillig die Höhle mit ihr, sondern nahm sie sogar auf dem

Rückweg mit zu Agathe. Davon erzähle ich später noch ein bisschen ausführlicher. Ich erwähne es nur jetzt schon, damit ihr seht, was für ein Mensch Kai war, wie froh man darüber sein konnte ihn zu kennen.

Sie, *seine* Agathe, mit Mia zu teilen war wohl der größte Freundschaftsbeweis überhaupt.

Inmitten seiner Trauer um den Hasen und trotz allem, was ihm in seinem noch kurzen Leben schon alles zugestoßen war, bewies Kai, dass er ein Mensch war, der die Beschreibung „Freund" so richtig und wirklich verdiente,

Auch zu Lukas fand Kai seinen Weg.

Doch er schritt ihn buchstäblich langsamer ab. Das merkten alle, die ihn kannten. Häufig genug dachte sich Mia deshalb, dass Regina Kais Freude irgendwie, klammheimlich und sicherlich zusammen mit dem Hasen, ganz einfach gestohlen haben musste.

Zugegeben: Mit Kais Freude war es zwar bereits seit langem nicht mehr so gut bestellt – doch der Hase hatte ihn wenigstens davon abgehalten auch noch komplett trübsinnig zu werden. Nun war er weg, der Hase – und mit ihm Kais Freude. Sie dachte ein wenig hin und her, und dann, plötzlich, hatte sie eine Idee. Wie zumeist dauerte es von der Idee bis zur Umsetzung bei Mia nicht lange, und so war der Tag der Idee zugleich auch der Tag der ersten Worte, die in ihren Zauberbüchern ihren Weg auf das Papier fanden. Das war also Tag 1, an dem sie begann an ihren Zauberbüchern zu schreiben.

Mia wollte nämlich einfach unbedingt etwas haben, mit dem sie Kai, und auch sich selbst, aufmuntern konnte. Sofort, Mia verlor nie Zeit, sprach sie am Telefon mit Lukas darüber. „Echt richtig gute Idee", fand dieser. Ich glaube es gibt keine zwei Menschen weit und breit, die häufiger miteinander telefoniert hätten als diese beiden.

Nicht nur telefoniert, natürlich. Sie haben sich auch geschrieben, haben gechattet oder, ganz altmodisch von Angesicht zu Angesicht ständig miteinander gesprochen. Ich glaube, dass das so war weil sie sich einfach immer etwas zu erzählen hatten.

Manchmal, wenn sie, was ab und zu vorkam, gemeinsam schwiegen, sprachen sie auch miteinander, auch wenn das zunächst einmal wie ein Wider-spruch klingt: Es ist aber keiner. Beim gemeinsamen Schweigen spricht man nämlich auch. Aber anders. Man hört nochmals genauer hin.

In einer Zeit, in der so etwas immer weniger wird, ist das, wie ich finde, gar nicht hoch genug einzuschätzen.

Lukas gefiel die Idee mit den Zauberbüchern sofort. Sie gefiel ihm nicht nur wegen Kai, sondern auch wegen Mia selbst. Lukas wusste, wie sehr sie noch immer unter dem Verlust ihrer Katze „Fuchs" litt. „Hör mal, Mia, meine Katze, also, ich meine *„Katze"* fühlt sich in letzter Zeit so allein. Willst du nicht mal nach ihr sehen?" Das war sein Versuch, Mia auf andere Gedanken zu bringen.

Jeder tat, was er konnte. „Katze" gehörte Lukas, und sie hatte keinen anderen Namen als einfach nur „Katze". Mia verstand und durchschaute sofort, dass Lukas sie mit ihr trösten wollte.

Leider ging das nicht so einfach.

Andererseits würde sie vielleicht tatsächlich demnächst bei ihr vorbeischauen. Man konnte es nicht leugnen: Katzen brachten einen einfach immer auf andere Gedanken. Irgendwie ist das wohl das große Talent aller Katzen weltweit. „Katze" würde sie zumindest für einige Momente aufheitern können- und manchmal ist auch das bereits viel.

Lukas selbst war ebenfalls, das war nicht zu übersehen, vor allem nicht von Mia, durch die Sache mit Regina irgendwie mitgenommen.

Es ist immer wieder verblüffend, wie die scheinbar einfache, manchmal einfach nur unüberlegte, gedankenlose Handlung eines einzelnen Menschen weitreichende Konsequenzen für so viele andere haben kann- im Guten und im Schlechten. Doch wenn man bedenkt, dass auf eine rätselhafte Art alles mit-einander verwoben ist, dann ist es wiederum noch nicht mehr ganz so verwunderlich.

Mia, Kai und Lukas waren, alle auf ihre Art, aus dem Takt geraten und es brauchte tatsächlich etwas, um das wieder zu ändern. Während Lukas und Kai versuchten, einfach möglichst so weiterzumachen wie bisher, zerbrach sich Mia den Kopf.

Sie musste, wie sie fand, wirklich dringend überlegen, was man dagegen tun konnte. Zuerst, das kam an erster Stelle, musste sie ganz unbedingt Kai

aufmuntern. Der war von allen am meisten ge-
troffen- wenn man Schmerz überhaupt miteinander vergleichen kann. Nichts half da besser,
fand sie, als eine Geschichte. Kieran, der Rabe, ließ
sich dicht neben ihr nieder, während sie innerlich
an der Geschichte feilte. Er setzte sich vor sie hin,
legte den Kopf schief und plusterte sich ein wenig
auf. Zauberbücher!

Es war ihr fast so als könne er ihre Gedanken
einfach so lesen. Mia hätte zudem sogar schwören
können, dass diese ihm so richtig gut gefielen.

Natürlich waren es keine wirklichen Zauberbücher
im strengen, im eigentlichen Sinn. Sie würde Kais
Trauer nicht mit ein paar Sprüchen oder Kräutern
heilen können. So etwas klappte nicht, und
vielleichte sollte das sogar so sein. Was wäre der
Mensch, wenn man ihm seine Trauer nähme? Nein,
so etwas konnte und wollte Mia nicht hin-
wegzaubern. Zauberbücher nannte Mia ihre Bücher
einfach nur deshalb, weil sie einen, in all der
Trauer, Luft holen ließen.

Weil sie einem eine Pause von dem gönnten, was
einen bedrückte. Manchmal schienen die Bücher

die Geschichten und die Menschen oder Tiere, die sie bevölkerten, sogar richtiggehend mit einem zu sprechen. Trug man eines bei sich war man jedenfalls nie allein. Die Geschichten waren mit einem, genauso wie das, was sie erzählten. Sie konnten sagen: „Ich bin für Dich da!“, oder auch: „Hab´ keine Angst!“

Wer weiß, wenn man das zusätzlich bedenkt waren es vielleicht doch so richtige Zauberbücher.

Besonders seitdem Kai sie sogar mit Agathe bekannt gemacht hatte, war in Mia daher der Wunsch gewachsen Kai mit dem zu helfen, was sie am allerbesten könnte.

Damit, ihre Geschichten zu erzählen.

„Und Kieran, du findest die Idee also auch gut?“, fragte sie ihn ohne eine Antwort zu erwarten. Krächzend erhob sich dieser elegant in die Lüfte und umrundete die Veranda. Mia musste den Kopf weit in den Nacken legen, um ihm mit den Augen gut folgen zu können.

Über den hohen, dunklen Baumwipfeln erhob sich ein weiter Himmel.

Immer höher flog er hinaus. Schließlich sah er nur noch wie ein kleiner Punkt am Himmel aus. Doch noch während er flog, dabei kleiner und kleiner wurde, wusste sie plötzlich mit welcher Geschichte sie beginnen würde. Kieran krächzte erneut, dann flog er davon „Danke!", rief sie ihm laut nach. Mit einem Freund wie Kieran konnten einem die Ideen eben einfach nicht ausgehen.

Kapitel 2 – Eulenmond

Lukas konnte es sich selbst nicht so recht erklären, doch seit Regina Kais Hasen gestohlen hatte, ging es ihm persönlich wieder schlechter. Die Erfolge, die er für sich erzielt hatte, schrumpften einfach in sich zusammen. Vorbei war sein Gefühl von Stolz. Sogar bis in seine Träume verfolgte ihn diese Tat von Regina. Vom Verstand her wusste er zwar, dass es sich bei ihr um ein vermutlich sehr unglückliches, einsames Mädchen handelte, das irgendeine Beachtung erlangen wollte.

Doch in seinen Träumen und vor seinem inneren Auge wurde sie zu einem Monster, zum Inbegriff der Willkür. Sie wurde zu dem Ungeheuer, welches einem das wegnahm, woran einem das Herz hing.

Wie sie den wehrlosen Hasen so einfach ausgesetzt, seinem Schicksal überlassen hatte! Diese Gedanken raubten ihm seine Kraft. So jedoch mochte er nicht sein!

Während Mia den Hasen suchte, und Kai fest an die Rückkehr von Klopfer glaubte, oder glauben wollte, fühlte sich Lukas mit einem Mal wie gelähmt.

Dieses Willkürliche erinnerte ihn an den Unfall, an den plötzlichen Verlust, an den Tod, an das, was im Leben alles passieren konnte.

All seine bisherigen, sogar seine besten Lösungsstrategien versagten nun, wenn er an Regina und den Hasen denken musste.

Erst ein Traum, ein *Eulentraum*, befreite ihn wieder davon. Der genaue Inhalt war am nächsten Morgen leider jedoch wie weggeblasen.

Nur der Mond, der Sternenhimmel und Gerda, das wusste er noch, waren darin vorgekommen.

Es war ein Traum wie ein großes Versprechen gewesen, wie ein ganz besonderer Schutz, der sich über die Dinge legte.

Vielleicht war es ein Bild dessen wie es sein könnte, wie es sein sollte und wie es sein würde.

Seine Ängste wurden wieder weniger, nach diesem Traum. Er träumte ihn noch zwei Mal, jedoch erneut ohne wirkliche Erinnerung an ihn. Danach jedoch konnte Regina, die Erinnerung an das, was sie getan hatte, ihm nichts mehr anhaben.

Warum - das konnte er beim besten Willen nicht sagen. Da man gute Ereignisse selten hinterfragt, dachte Lukas bald nicht mehr darüber nach.

Er beteiligte sich nun auch an der allgemeinen Suche nach dem Hasen. Das Gute daran war, dass er hierbei viel Zeit mit Kai verbringen konnte. Mit Kai und mit Mia. Gerda besuchte ihn übrigens sogar noch ein weiteres, viertes Mal. Diesmal war der Grund ein anderer.

Sie wusste wohl, dass sich Lukas seinen beiden besten Freunden, Mia und Kai, gegenüber manchmal schwach vorkam. Sie erschienen ihm so mutig.

Gelegentlich fiel es ihm daher mittlerweile sogar schwer Zeit mit ihnen zu verbringen. Mit sich selbst war er ganz und gar nicht zufrieden. Vor allem seit der Sache mit Regina nicht mehr.

Solcherlei Rückschläge steckt wohl sicherlich niemand so leicht weg.

Doch Lukas nahm ihn sich ganz besonders zu Herzen.

Daher, finde ich, fügte es sich ganz gut, dass Gerda in seinen Träumen erschien.

Sie wusste eben, worauf es so insgesamt ankam. Und ihre Art das zu vermitteln war sanft. Sie zeigte Lukas in diesen Träumen Dinge, welcher dieser tief in sich bereits wusste. Gerda redete ihm nichts ein. Sie half ihm lediglich dabei das, was ohnehin bereits in ihm war zu entdecken. In den Nächten geht dies zuweilen leichter vonstatten. Diese geschenkten Eulenmond-Träume hatten, das konnte man sehr bald deutlich sehen, einen besonderen Einfluss auf ihn. Der beste Nebeneffekt war, das war nicht zu leugnen, dass er sich jetzt wieder auf Kai und Mia freuen konnte. Ohne sie, das fand er, war alles nichts-irgendwie.

Kapitel 3- Auf Reisen mit Mia

„Es ist nämlich einfach so", hatte Mia, Lukas´ beste Freundin, einmal gesagt,
Das allerdings konnte Lukas nicht gerade bestätigen. Er dachte daran welch düstere Gedanken sich auf ihn gelegt hatten, und wie er nicht mehr in der Lage gewesen war diese zu vertreiben.
Als wüsste Mia was er dachte entgegnete sie ihm: „Natürlich kannst du sie vertreiben Lukas" Sie sah ihm genau in die Augen. „Du musst nur ganz laut „Stopp" rufen. Damit hältst du sie an.

Und dann rufst du eben mich oder etwas Anderes. Etwas ganz Schönes.

Du wirst sehen, dass dann diese Gedanken zu dir kommen, die schönen.

Und du kannst dich von ihnen davontragen lassen.

Dorthin wo du nur willst. Glaubst du mir das?"

Sie sah ihn fragend an, und Lukas wusste, dass er zu Mia nichts sagen konnte, was darauf hinweisen könnte, dass er nicht glaubte, was sie da erzählte.

Er war sich dennoch nicht ganz sicher, und deswegen fand er die beste aller Antworten.

„Ich werde es einfach einmal ausprobieren", antwortete er ihr rasch.

„Tu das". Sie lächelte so rätselhaft wie das nur Mia konnte, und er wusste, dass ihm nun nichts Anderes mehr übrigen bleiben würde als es tatsächlich zu versuchen.

Was eindeutig dafür sprach: Es kam von Mia.

Mia hatte ihm noch nie etwas erzählt, das ihm unglaubwürdig vorgekommen wäre. Falls sie Recht hatte, und ihrem Gesicht nach zu urteilen hatte sie Recht.

Wenn ihr Mia bereits kennt, dann wisst auch ihr, dass es genauso klappen kann wie sie gesagt hat. Aber daran war ohnehin nicht zu zweifeln, oder?

In jedem Fall beschloss Lukas, Mia in Gedanken mit auf jeder seiner Reise zu nehmen.

Die aufregendste Reise war natürlich die Reise nach Holland gewesen, welche er als blinder Passagier gemeinsam mit Kai unternommen hatte um dort dessen Mutter Heidi zu besuchen. An dieser Stelle möchte ich mich als Erzählerin kurz einschalten und dringend davon abraten es ihm gleichtun zu wollen. Bei Lukas und Kai war es damals gut gegangen. Doch Glück sollte man, wie ich finde, weder herausfordern noch überstrapazieren.
Jedenfalls: In Lukas´ Fall war es noch einmal gut gegangen, so dass er und Kai die Möglichkeit erhielt das Wochenende an der See zu verbringen-gemeinsam mit Kais Mutter Heidi, die dort wohnte.
Er erinnerte sich gern an (fast) jedes Detail dieser Reise.
Am letzten Strand-Tag in Holland, es war schon gegen Abend hin gewesen, hatte Heidi, Kais Mutter, ziemlich hektisch zu drängen begonnen.
„Lasst uns besser nachhause gehen." Sie blickte etwas besorgt zu den Wolken hinauf, die sich nun schnell bewegten. „Es wird gleich ziemlich windig werden!" Lukas fand, dass das ja nun wirklich nicht schlimm wäre mit dem Wind, ganz im Gegenteil.

Auf dem Weg zu Heidis Haus dachte er nämlich, dem Wind sei Dank, die ganze Zeit an Mia.

Obgleich allein schon der Gedanke an sie schön war, mischte sich doch auch etwas Traurigkeit in seine Gedanken während der Wind sich immer mehr erhob.

Er wusste einfach nicht wen er mehr vermisste: Mia oder Luna.

Oder waren es Mias Geschichten über Luna?

Eigentlich spielte das keine Rolle. Wichtig war nur, dass es sie gab: Mia, Luna, und Mias Geschichten über Luna.

Lukas dachte daran, was Mia ihm gesagt hatte:

„Du brauchst etwas, das dich daran erinnert an mich zu denken. Immer wenn du den Wind hörst oder Musik, oder immer, wenn du den Geruch von frischem Gras wahrnimmst, dann weißt du, dass ich da bin. Es erinnert dich an mich, verstehst du? Auch wenn ich gar nicht weg bin. Sogar wenn ich neben dir sitze. Du kannst laut Mia sagen, oder leise. Es reicht auch, wenn du es nur denkst. Überhaupt ist das so mit den Gedanken. Sie fliegen mit dir dorthin wo du möchtest."

Vermutlich hatte sie doch recht-irgendwie.

Wenn Mia nur wüsste, wie sehr er sich auf das Wiedersehen mit ihr freute.

Der Wind während der Rückfahrt half ihm dabei diese Zeit zu überbrücken. Sie wäre ihm sonst vermutlich ein wenig lang erschienen.

„Erzähl mir von Luna", hatte er Mia gleich am ersten Abend nach seiner und Kais Rückkehr aus Holland. Und sie wiederum hatte sich nicht lange bitten lassen.

Kapitel 4 - Lunas Geheimnis

Verhaltet Euch gut-denn ihr kehrt zurück.

(Vermutlich)

Luna, das kleine Eulenkind, war weder leicht einzufangen, noch würde es jemals willentlich ein Geheimnis verraten. Eulen, das war im Wald wirklich jedem bestens bekannt, schätzen Geschwätzigkeit nämlich nicht. Und so hätte man gerade von Luna unter normalen Umständen sicherlich nichts über die Eule Gerda, ihre Mutter, erfahren. Es könnte sein, dass Luna sich nur deshalb ein wenig verplappert hatte, weil sie gerade in den Badeferien war, und sie sich, wie so ziemlich jeder, der sich gerade in den Ferien befindet, in einer ganz besonders redseligen und insgesamt eher aufgeschlossenen, wenn nicht sogar in einer aufgekratzten Stimmung befand, so dass es dem Vogel Krykon offenbar gelungen war ihr ein brisantes Geheimnis zu entlocken.

Dieses wiederum hing mit dem allerbesten und renommiertesten Antiquitäten-Laden in der Stadt zusammen – er gehörte Reginas Mutter- in dessen Schaufenster eine kunstvoll geschnitzte Eule stand, die, so hatte es die Besitzerin versichert, von geradezu unschätzbarem Wert war. Regina war eine Schul-Bekanntschaft von Mia, auch Lukas kannte sie vom Sehen.

Aber wieder zurück zu dem Laden und zu der geschnitzten Eule.

Diese Figur war von einem echten Mysterium umgeben. So verschwand sie an manchen Tagen gleich für viele Stunden aus dem Schaufenster – häufiger sogar noch in den Nächten. Das Gerücht wonach diese Eule eine äußert seltene Formwandlerin sei, welche problemlos in der Lage war sich in eine echte Eule und zurück zu verwandeln, hielt sich hartnäckig, und war einfach durch nichts zu entkräften. Dabei ist alles, betrachtet man es ganz genau, ein Formwandler oder eben eine Formwandlerin. Allerdings vollzieht sich der jeweilige Wechsel langsamer, oder doch zumindest anders als man denkt. Gerda jedoch wurde, weil sie scheinbar überall zugleich aufzutauchen schien, mit großem Misstrauen bedacht. Man hatte sich auch im Wald, wohin all die Gerüchte vorgedrungen waren, oft gefragt, ob es denn Gerda sein konnte, da Gerda der geschnitzten Eule am allermeisten ähnelte. War die geschnitzte Eule nur ein Abbild von Gerda, oder konnte sich diese in ein Stück Holz verwandeln?

Selbstverständlich waren derlei knifflige Fragen immer gänzlich unbeantwortet geblieben – bis zu dem Zeitpunkt, an dem Luna, der Krykon diese Frage gestellt hatte, mit einer Gegenfrage konterte. Krykon, der winzige gelbe Vogel, war so hartnäckig gewesen, dass er sie sogar bis ans Wasser verfolgt hatte, um sie mit Fragen zu löchern.

Jetzt endlich fiel Luna ein, wie sie ihn loswerden konnte. *„Hast du sie denn jemals zur gleichen Zeit gesehen, die Eule aus Holz und die echte Eule Gerda?"* Dann schwieg sie wieder. Krykon war sehr zufrieden und Luna auch. Nun, da sie den wirklich lästigen Vogel mit seinen unendlich vielen Fragen abgeschüttelt hatte, konnte sie endlich baden gehen und die Ferien gründlich genießen. Ihrer Meinung nach nämlich hatte sie keineswegs zuviel verraten. Nicht mal ein kleines bisschen. Sie plantschte also so vollkommen zufrieden im Wasser sanft vor sich hin, allerdings: tief ging sie nicht hinein. Eulen sind klug genug um ihre Grenzen zu erkennen.

Als Lukas und Kai wieder zuhause, und Kai endlich wieder in seinem geliebten Wald war, vermisste er Luna. Die kleine Eule, die er so ins Herz geschlossen hatte, war wie vom Erdboden verschluckt.

Er suchte überall nach ihr, doch weder Gerda, ihre Mutter, noch sonst jemand aus dem Wald konnte ihm darüber etwas sagen. Es war ja auch leider nicht so, dass sich Lukas in der Sprache der Tiere verständigen konnte. Gewünscht hätte er es sich allerdings schon. Vor allem jetzt, da es um Luna ging und auch deswegen jetzt weil er drohte aus seinem eigenen Bild zu fallen- irgendwie. Aus seinem Leben. Es fühlte sich gerade so an. Daher blieb ihm nichts anderes übrig als das zu tun was er immer tat, und so saß er in den Abendstunden am Fenster und sah den Flügen der Eule Gerda nach. Nichts konnte ihn mehr beruhigen als das. Doch half es heute nicht, Luna aus seinen Gedanken zu vertreiben. Zum Glück fiel ihm noch rechtzeitig ein, dass er versuchen könnte sie in ihren Träumen zu besuchen. *Lukas beherrschte nämlich die sehr seltene Gabe, sich in den Träumen anderer zu verirren.* Er war nicht der Einzige im Wald der das konnte, wenngleich auch der einzige Mensch, der zu so etwas in der Lage war. Und so fand er Luna ganz einfach über ihre Träume. Dann träumte er von Gerda. Sie flog zugleich durch seine Träume und um sein Fenster herum. Nun schob sich Luna wieder in den Vordergrund. Lukas sah sie ganz deutlich vor sich mit ihrem kleinen zarten Flaum, den frechen Augen und dem spitzen Schnabel. „Komm zurück Luna, komm doch bitte zurück", rief er ihr leise zu. „Ich vermisse dich!" Als er am nächsten Morgen aufwachte, hörte er ihre kleinen Beinchen auf der Veranda trippeln. Sofort lief er aus seinem Zimmer nach unten, um nach ihr zu schauen.

Auch von Gerda fehlte jede Spur. Er blickte Luna fragend an bevor ihm einfiel, dass Gerda sicher schlief, da Eulen ja ohnehin nur in den Nächten flogen. Zumindest war er sehr fest davon überzeugt. Doch Luna, auch wenn sie nichts verriet, wusste es natürlich besser. „Hör mal Mia", wollte Lukas dann, etwas später, doch unbedingt noch am selben Tag, wissen: „Da ist doch was dran an den Geschichten. Ich meine...selbst ich habe von Gerda geträumt, und Luna kann ich auch rufen wenn ich möchte..."

„Was denkst du denn?", fast schien Mia empört. „Glaubst du, ich denke mir das aus? So was kann man sich ja wohl nicht ausdenken, oder?" Lukas wurde es plötzlich etwas unheimlich zumute. Er dachte daran, dass Mia schon von Euklesophos wusste bevor er ihr auch nur von ihm erzählt hatte.

„Weißt du, damals im Krankenhaus...die Gärten von Euklesophos. Woher hast du denn eigentlich gewusst...?" „Ich habe das Bild gesehen, das Du von ihm gemalt hast", unterbrach Mia seine Frage.

„Wenn ich ein Bild sehe, ein Bild oder eine Figur, dann weiß ich es eben. Das kann ich nicht erklären. Ich sehe sie dann alle genau vor mir, Euklesophos, Gerda... Sobald ich ein Abbild sehe, öffnet sich so etwas wie ein Fenster." Sie überlegte kurz, bevor sie weitersprach. Und ich kann plötzlich weiter denken als vorher. Dieses *„Weiter-Denken"*, *„Um-die-Ecke-Denken"*, es hilft so sehr. So als bekäme das Denken Flügel. Ich kann das gar nicht richtig erklären.

Verstehst du, was ich damit meine?" „Ich glaube ja",
antwortete Lukas. Er merkte, dass ihm das half.

Man musste also sozusagen einfach das Denken
selbst befreien. *Man musste sich selbst aber auch
davon befreien wie man dachte und über das, was
man gedacht hat, hinausdenken.* Das ist leichter als
es sich anhört. Man braucht nur eine gewisse
Übung. Wenn man diese hat, dann fällt man nicht
mehr aus dem Bild heraus. Dann bleibt man im
Bild, und der Rahmen drum herum löst sich auf.
Das wiederum ist aber nicht schlimm, denn man
steht ja fest im eigenen Bild, im eigenen Leben. Von
dieser Sicherheit aus können die Gedanken dann
wandern. Sie können sich verändern. Aber die
Grenze darfst Du nicht übertreten. Bleib trotzdem
im Bild, ändere nur die Gedanken. Die Gedanken,
Deine Gedanken – sind überaus stark. Sie können
beispielsweise Verstorbene und Freunde jederzeit
wieder herholen. Allein durch die geballte, starke
Kraft der Erinnerung- einer so starken Kraft, dass
die Realität ihr nichts anhaben kann. Alles, was da
gewesen war - es war noch immer. Meist war es
zwar nicht mehr da, wo es einst gewesen war, doch
es *war*. Es war. Und vor allem gab es keinen wahren
Unterschied zwischen den Dingen. In den Eulen-

monden durfte alles sein, ließ man sich von so etwas Banalem wie Logik nicht aufhalten. Alles war dann Eines und alles war da. Rund und unendlich wie ein voller Mond, weise und klug wie die Eulen.

Alles ergab Sinn. Formen wandelten sich hin und wieder zurück.

Sie verschwanden und sie kamen wieder. Alles kam wieder. Jetzt, mit seinem neuen Wissen, mit dem Wissen der Eulenmonde konnte er dies alles so deutlich in sich wieder auferstehen lassen.

So klar, dass der eine Moment, an dem normalerweise eben alles kippt, nämlich der Moment, in welchem man sich der von uns gezogenen Grenze zwischen Erinnerung und Realität bewusst wird, und eben dies zu Schmerz führt, verschmilzt, und dadurch das Eine nicht mehr oder weniger wahr ist als alles andere. *Der Moment, in dem man abstürzen kann wie in einer Felsspalte, muss angehalten werden.* Das hatte Mia oft gesagt, und sie sagte es ihm wieder in einer der Eulenmondnächte. Lukas wusste nun wie er alle jederzeit wieder bei sich haben konnte, und wie dies keinen Wider-spruch dazu erzeugte, dass er im Leben, wenn es sein musste, auch allein zurechtkam. Das war gut. Er nickte. Wie gut, dass es Mia gab! Er dachte es immer wieder. Vielleicht würde ihm dieses Wissen einmal bei etwas helfen vor dem er bisher zu große Angst gehabt hatte.

Sie schwiegen ein bisschen gemeinsam. Dann bat er Mia darum einfach weiter zu erzählen.

Währenddessen spürte er plötzlich ganz deutlich seinen Vater und Katha bei sich. Sie hörten mit ihm gemeinsam was Mia erzählte. Ihre Form war anders. Sie waren nicht zu sehen. Doch sie waren.

Kapitel 5 - Nebelträume

Gerda, die eine erfahrene Eule war, und der es mit Leichtigkeit gelang sich mit Absicht in die Träume anderer zu verirren (den Trick hatte sie einst von Cleo und von einem steinalten Fuchs gelernt, mit dem sie den Sternenhimmel genau studiert hatte), konnte, darüber hinaus, noch etwas ganz Anderes. *Als Formwandlerin gelang es ihr sich in einen einfachen Gegenstand zu verwandeln, so dass sie auf diese Weise leicht herausfinden konnte, was die Menschen oder Tiere um sie herum am meisten*

35

bedrückte. Nicht nur im Wald, auch in der Stadt und in der Fremde wurde sie ihrer Funktion als Ehrenträgerin der goldenen Feder am Bande gerecht. Mit dieser Feder war sie bereits vor langer Zeit ausgezeichnet im Geheimen von den Anhängern des „Euklesophos-Wissensbundes" worden. Dieser geheime Club befasste sich mit all dem, was durch den normalen Verstand nicht zu erklären war.

Doch agierte er bewusst im Verborgenen. Denn nichts erzürnt die Umwelt bekanntlich mehr als das zutiefst Unerklärliche, das Rätselhafte. Es führt zumeist sogar zu Raserei.

Zugegebenermaßen muss ich einschränkend bemerken: Nicht alle Menschen reagierten ablehnend, doch einige davon dafür so sehr, dass sie zu einer echten Gefahr hätten werden können. Daher war klar und einstimmig entschieden worden unerkannt zu bleiben.

Die Eule Gerda handelte übrigens niemals aus schlichter Neugier, wenngleich ihre übermütige Tochter Luna manchmal noch von Neugier geradezu beherrscht wurde. Prinzipiell hatte Gerda auch nichts dagegen einzuwenden, doch wusste sie genau, dass ihre Arbeit zu wichtig war, um sie als ein einfaches Spiel aufzufassen. Schirmherrin war eine schwarze Katze, die einen weißen Halbmond auf der Stirn trug: Die eben genannte Katze Cleo. „Euklesophos-Wissensbund" grinste Lukas. „Und dazu eine schwarze Katze mit weißem Halbmond auf der Stirn!" Mia hatte sich ja wirklich etwas einfallen lassen. Typisch! „Erzähl weiter", bat er dann, da Mia aufgehört hatte zu sprechen.

Schließlich bemerkte er den simplen Grund. Sie war eingeschlafen. Im Traum war es Gerda, die ihr begegnete.

Gerda liebte Mia. Die Eule erinnerte sich an die vielen Male, in denen sie Lukas, Lukas´ Mutter, Kai oder Mia im Traum besucht und ihnen in ihren schlimmsten Zeiten geholfen hatte. Als Mia damals sogar im Schlaf noch weinte, war Gerda bei ihr geblieben. Bei Kai war es auch nicht anders gewesen oder bei Anton, dessen Vater zuweilen auf offener Straße zusammenbrach, weil er zu viel betrunken war, um noch rechtzeitig nachhause in sein Bett zu kommen, oder der, selbst wenn er einmal nüchtern war, plötzlich nur noch wirre, unzusammenhängende und dabei auch ziemlich sinnlose Worte von sich gab und zu seiner langen Alkoholsucht noch etwas anderes hinzukam, das auf dieser Welt „Schizophrenie" genannt wurde. Etwas, das Gerda schwer verstand. Doch Cleo, die schwarze Katze mit dem weißen Halbmond auf der Stirn – diese Katze verstand alles. Oft genügte Gerda nur ein Blick zu Cleo herüber, und die Dinge fügten sich auch für die alte Eule wieder ein bisschen besser zusammen. Sie selbst besuchte so viele Menschen in ihren Träumen, und niemandem war das bewusst aufgefallen.

Bei Antons Vater Kyrill war das allerdings wirklich gänzlich anders gewesen. Selbstverständlich hatte Gerda auch ihm unbemerkt helfen wollen, doch unbemerkt war sie nicht geblieben. So als hätte Antons Vater zusätzliche Antennen für das, was vorging, schrie er sie panisch an sie solle verschwinden. Er hatte Angst vor ihr gehabt. Angst, aus seinem Bild zu fallen. Etwas, das Gerda erst recht nicht verstehen konnte. Und so war sie ihm natürlich zukünftig fern geblieben.

Sie hatte jedoch zumindest Anton bei der Angst seinen Vater zu verlieren ein wenig geholfen, ebenso Lukas´ Mutter, die nach dem Unfall in kein Auto mehr gestiegen war. Zwar hatte sie Antons Vater nicht vor sich selbst oder den Stimmen die er hörte oder den Dingen, die er sah, retten können, doch hatte sie Anton die geradezu unbezahlbare Bekanntschaft mit Agathe geschenkt. Etwas, das durchaus nicht zu verachten war – zu keiner Zeit.

Antons Vater hatte sie vom Nebel erzählt und davon, dass es wichtig ist den Nebel ab und zu über die Dinge zu legen, da es kein Mensch ertragen kann alles zugleich zu sehen. Bei Antons Vater war das nämlich so, und das hatte ihn krank gemacht.

Vielleicht jedoch würde ihm Gerdas Besuch irgendwann einmal weiterhelfen. Manchmal half all das, was man sagte nicht sofort. Manchmal brauchte es Zeit. Auch bei Regina, dem Mädchen, das nicht mehr gewusst hatte was es tat, nachdem es Kais Hasen gestohlen hatte, war es Gerda gewesen, die helfend eingriff. Sie hatte auch ihn begleitet, den Hasen, den, außer ihr, niemand mehr gesehen hatte, nachdem er für immer einfach im Wald verschwunden war. Gerda hatte ihn sogar mit Fuchs bekannt gemacht, Mias roter Katze, die kaum jemanden um sich herum ertragen konnte. Daher war sie in den Wald geflohen. Fuchs fühlte sich von anderen bedrängt. Etwas, das für die meisten wohl sehr schwer zu verstehen war. Der Hase, selbst von Natur aus ein wenig scheu, wurde für Fuchs so etwas wie ein ferner Freund. Ein wenig Sicherheitsabstand brauchten sie beide.

Das war nun einmal so bei den beiden. Und jeder von ihnen kam damit zurecht. Und nicht nur Fuchs und der Hase. Auch Mia lernte Fuchs loszulassen, selbst wenn es ihr zunächst ganz besonders schwergefallen war. Doch nächtliche Besuche durch Gerda, die Eule, konnten also echte Wunder vollbringen. Manchmal kam sie auch am Abend, so wie jetzt, da Mia bei Lukas eingeschlafen war.

Mia, das Mädchen, das nicht gut lesen konnte und dabei so tat als würden ihr Bücher nichts bedeuten, hatte Gerda immer wieder dazu ermuntert der Welt ihre eigenen Geschichten zu erzählen.

In den Eulen-Nächten also fügte sich vieles wieder zusammen. Wer darauf vertraute, so wie Mia, stand fester im eigenen Bild. Ja, Mia stand fest und sie sah weit über alles hinaus. Niemand außer Mia konnte das so gut, und es gab mehr als einen, der dies bezeugen konnte. Die erfahrene Eule Gerda war auch hier ganz wesentlich beteiligt. Obwohl sie also immer nur Gutes für Menschen oder Tiere tat, wusste sie, dass niemand davon erfahren durfte. Die Tiere nicht, und die Menschen erst recht nicht.

Die Nacht weiß zum Glück sich zu verstecken. Und nur denen, die sie brauchen offenbart sie sich ab und zu.

Cleo selbst, die Katze mit dem weißen Halbmond auf der Stirn, und auch das wusste kaum jemand außer Mia, galt als die älteste Formwandlerin aller Zeiten. So alt wie die Nacht war sie und zahl-reiche Kinder, Enkel und natürlich Ur-Ur-Ur-Enkel be-völkerten die ganze Welt. Schwarz waren sie alle, doch den Mond trugen sie nicht mehr auf der Stirn. Man musste sie mit dem Gefühl erkennen. Und die auf die es ankam, besaßen diese Gabe.

Kapitel 6 - Anton und Agathe

Menschen neigten allgemein dazu Anton einfach zu übersehen.

Allerdings: Überhören würden sie ihn sicherlich nicht.

Im Gegenteil. Denn aus ihm würde einer der besten und damit größten Musiker seiner Zeit werden.

Doch das wusste zu diesem Zeitpunkt noch nicht einmal er. Und dass, obwohl er zuweilen durch die Zeit sehen konnte, er Cleos Nachfahren erkannte, und obwohl die Eule Gerda auch ihn oft während seiner Träume besuchte. Anton hatte ihn: den siebten Sinn.

All dem zum Trotz dauerte es noch viele Jahre bis sich Lukas und Anton wirklich begegnen sollten. Manchmal gibt es Dinge, die sich sogar dem Zufall völlig entziehen- wenn man an so etwas wie Zufall glauben mag. Natürlich bezweifle ich nicht, dass es den Zufall gibt. Doch vermute ich, dass er nicht allein am Werk ist. Und so manches soll erst oder schon zu einer ganz bestimmten Zeit stattfinden.

Agathe wiederum, die kleine alte Frau, die in einem Haus am Wald wohnte und viele Begabungen hatte, (so konnte sie Klavier spielen wie kaum eine andere, eigenhändig Holzböden ausbessern, aus Kräutern verschiedene Liköre herstellen und sogar sture Raben zähmen), war wegen – oder trotz ihrer Begabungen oft allein.

Da sie sich von den meisten der normalen, der „genormten" Menschen unterschied, hatte man beschlossen sie außen vor zu lassen, genauer: Sie einfach für sich alleine in ihrem Haus zu belassen. Den Kindern der Umgebung hatte man wiederum eingeschärft sich nicht mit ihr einzulassen, was aber, wie das meist so ist, erst dazu führte, dass die Kinder auf sie aufmerksam wurden. Lukas, Kai, Mia, …. sie alle. Und irgendwann auch Anton. Gerda hatte dafür gesorgt, und wenn Gerda etwas oder jemanden unter ihre Fittiche nahm dann gab sie erst auf wenn sie Erfolg gehabt hatte. Anton, dem einmal eine große Zukunft als Berufspianist auf den Bühnen dieser Welt bevorstand, ahnte davon freilich nichts als er sich ihrem kleinen Haus zum ersten Mal näherte. Bereits von weitem hatte er ihr feines Klavierspiel wahrgenommen, und das hatte ihn unweigerlich immer näher und näher zu ihrem Häuschen gezogen. Anton war oft im Wald, vor allem, um sich vor seiner Familie ein wenig zu erholen. Sein Vater, der bereits einige Zeit nur noch betrunken anzutreffen gewesen war, hatte nun auch noch etwas Weiteres, Unheimliches an sich. Gestern erst hatte er Anton erzählt, dass er unter ihrem Haus unauffällig einen Bunker graben würde, einen Bunker, in dem er sich und die ganze Familie verstecken würde, falls die Bomben abgeworfen würden. Welche Bomben das sein sollten konnte er nicht sagen. Doch schien er große Angst davor zu haben, denn er schrie, rief und weinte noch den gesamten Nachmittag, erzählte zitternd von den Bomben und dem Bunker bis Anton in den Wald gegangen war um ein wenig zur Ruhe zu kommen, endlich einmal. Und da war sie nun, diese wunderbare, ruhige Musik. Zögernd blieb Anton auf der

Veranda stehen. Ein alter Schaukelstuhl stand dort, sonst fiel ihm nichts weiter auf – außer vielleicht die ganz besonders schöne, leuchtende Kürbisdekoration die so gut zur herbstlichen Jahreszeit passten. Wie gut ihm die Kerzen gefielen, welche die ausgehöhlten, orangenen Kürbisse erhellten. Das Klavierspiel brach ab und die kleine, alte Frau trat mit einem freundlichen Lächeln zu ihm.

„Hat dir mein Spiel gefallen?", wollte sie wissen? „Ja", antwortete Anton wahrheitsgemäß. „Sehr."

„Wenn du magst spiele ich einfach noch ein klein bisschen. Du kannst dich hier auf den Stuhl setzen, wenn du willst." Und ob Anton das mochte! Und so spielte Agathe für ihn ganz allein, während in ihm wieder etwas wie Vertrauen und Ruhe wachsen konnte. Er dachte an seine Mutter, die versucht hatte ihm die Krankheit seines Vaters zu erklären, bevor ihr selbst alles zuviel geworden war. *„Weißt Du,"* hatte sie begonnen, *„Dein Vater weiß nicht mehr, wem er vertrauen soll.* Sie fuhr vorsichtig fort, so als wollte sie Anton nicht zu viel auf einmal zumuten. *„Dein Vater sieht so viele unterschiedliche Dinge und hört immerzu jemanden zu ihm sprechen. Dabei weiß er nicht mehr was er* *glauben soll und was nicht.*" Sie hatte den Satz mit einer einzigen Schlussfolgerung beendet, die in Anton haften geblieben war. *„Er vertraut nicht mehr".* Ja! Darunter hatte Anton sich tatsächlich etwas vorstellen können. Gerda, die Eule, hatte es erlebt. Er war nämlich einer der wenigen Menschen gewesen, dem sie nicht hatte helfen können., was sie nicht hatte deuten können. Und nun erklärte es Agathe in nur einem Satz.

Anton wusste sofort, was sie meinte. Zumindest im Ansatz. Und ihm war zugleich auch aufgefallen, dass es enorm ansteckend war, dieses fehlende Vertrauen.

Denn auch er selbst hatte begonnen der Welt nicht mehr zu vertrauen. Warum sonst war er nun weitaus häufiger im Wald anzutreffen als bei sich daheim? Er nannte es nur noch *„daheim"*, da das Wort *„zuhause"* gar nicht gepasst hätte. Seit so langer Zeit war da eine innere Unruhe und Anspannung in ihm, die er nicht mit Worten beschreiben konnte. Doch nun, als er da auf dem Schaukelstuhl der alten Agathe lag, eingewickelt in die Wolldecke, welche über der Lehne hing, völlig vertieft in die Betrachtung der orangefarbenen, aufgereihten, hell erleuchteten Kürbisse und sanft eingehüllt in den warmen Vorhang der Töne, die aus dem Klavier zu ihm drangen, die sich ebenfalls gekonnt aneinander reihten und die Anspannung vertrieben, aufhoben und in ihm Raum für etwas schufen, das lange schon keinen Platz in seinem Innersten mehr gefunden hatte.

Benennen konnte er es nicht, doch deutlich fühlen. Es war das Gefühl von Vertrauen, einem fast unerklärlichen, tiefen Vertrauen. Maxime, Kais Katze, die Agathe auch immer mal wieder besuchen kam, (Katzen, ja- auch sie - liebten und schätzten Agathe sehr) war vorbeigekommen und rieb sich zärtlich an Antons Handrücken.

Nun merkte er sehr deutlich, wie die Spannung der letzten Zeit von ihm abfiel.

Sein Atem ging ruhiger und er fühlte sich nicht von etwas Namenlosem verfolgt, wie das zu oft in letzter Zeit der Fall gewesen war.

Hier konnte er von seinem sonstigen Leben endlich einmal eine Pause einlegen.

So ruhig wie schon lange nicht mehr, schlief er ein.

Kapitel 7- Kai, Mia und die alte Katze

Lukas erinnerte sich noch genau an das Treffen mit Kai, das schließlich ihre Freundschaft nach sich gezogen hatte. Der Katze war es damals nicht gut gegangen, und Lukas hatte ihr helfen können. Doch genau wie Räuber war auch die Katze mittlerweile sehr alt. Ihr Blick wirkte trüb, so als könne sie nicht mehr gut sehen. Das Fell war struppig und fiel an manchen Stellen aus. Obwohl sie noch sehr viel fraß, wurde sie immer dünner. Der Tierarzt, zu dem Kai mit ihr gegangen war, hatte versucht Kai auf das baldige Ende seiner Katze vorzubereiten. „Sie hatte ein sehr langes, schönes Katzenleben", versicherte er ihm. Kai wusste zwar, dass der Arzt Recht hatte, dennoch war das kein Trost für ihn. Die Katze war immer für ihn dagewesen. Als seine Mutter fortgegangen war, und auch sonst, als das ganze Leben sich gegen ihn verschworen zu haben schien, war die Katze immer in seiner Nähe gewesen und hatte die Bruchstücke der Welt einfach so wieder ein ganz kleines Stückchen zusammengeschnurrt.

Sich vorzustellen, dass sie bald nicht mehr bei ihm sein würde, fiel ihm unendlich schwer. Er konnte sich an keine Zeit erinnern, in der die Katze nicht dagewesen wäre. Schon lange vor seiner Geburt hatte sie dort im Haus und vor dem Haus gelebt.

Der Tierarzt meinte, er würde sie noch nicht ein-schläfern, da sie sich doch ganz offenbar – trotz der Alterserscheinungen – noch recht gut fühlen würde. Wenn es soweit sei, so meinte er noch, würde Kai das merken. Dann könnte er immer noch vorbeikommen.

Die Katze wirkte nun manchmal etwas ratlos. Zweimal fiel sie in den Schacht vor dem Haus, und oft kam es Kai so vor, als versuchte sie sich ver-gebens an etwas zu erinnern.

Nur wenn Kai ihren Kopf langsam und vorsichtig streichelte, war sie vollkommen zufrieden.

Am Tag des großen Fußballspiels, an dem er sonst nie fehlte, erschien ihm die Katze mit einem Mal besonders ratlos zu sein. Er brachte es nicht übers Herz sie allein zu lassen. So saßen er, Räuber und die Katze draußen vor dem Haus in der Sonne, und er streichelte ihren klein gewordenen Kopf mit der weißen Blässe zwischen den Augen. Räuber hatte sich zusammengerollt und schlief. Kai bereute es kein bisschen, dass er nicht zum Fußball gegangen war. Und dann kam ausgerechnet Reginas Vater, der Schnösel, den niemand wirklich leiden konnte, am Haus vorbeigejoggt. Er hielt kurz an, dehnte seine braungebrannten Beine, sah zu Kai hin und meinte spöttisch: „Eine alte, räudige Katze ist dir wichtiger als Fußball. Was für eine Memme bist du denn?". Dann joggte er einfach wieder weiter. Kai ärgerte sich nicht mal über ihn. Kein Wunder, dass dieser Mensch nichts von Dingen verstand, die nichts ausschließlich mit ihm selbst zu tun hatten. Jeder in der Gegend wusste, dass bei dem Typen zuhause stets alles auf Hochglanz poliert war. Seine Tochter Regina war sogar ausgezogen, aufs Land zu ihrer Tante, so tot war das alles bei Regina zuhause.

Nicht einmal Pflanzen wollten dort leben. Mia hatte es ihm erzählt. Sogar die Küchenkräuter dort ließen nach nur einem Tag ihre Köpfe hängen. Seine Katze war gestorben weil sie sogar im Winter draußen schlafen musste, nur damit die Wohnung nicht unnötig schmutzig wurde. Nacht für Nacht hatte Regina sie schreien und maunzen gehört, dufte sie aber nicht mit ins Haus holen. Und eines Morgens war die Katze dann tot. Steifgefroren, mit leicht geöffnetem Mund lag sie stumm auf der Seite. Nicht einmal die Nachbarn hatten etwas gesagt. Sie

hatten alle weggesehen. Warum er diese bedauerns-
werte Katze überhaupt gehabt hatte, wusste wohl
niemand. Vielleicht war das so etwas wie mit dem
Klavier. Er besaß nämlich ein Klavier, nur weil es
irgendwie zu den Möbeln passte. Offenbar hatte er
es nur nach der Farbe ausgesucht und noch nie
darauf gespielt. Möglicherweise war das bei der
Katze am Anfang auch so gewesen. Spielen konnte
er keinen einzigen Ton und von Tieren verstand er
erst recht nichts.

Dieser protzige, nervige und offensichtlich dumme
Typ. Was wusste der also schon. Klar, offenbar fand
er Kai lächerlich, doch Kai fand ihn mindestens
ebenso lächerlich, wie er da täglich durch den Wald
gockelte und sich etwas auf seine große Sportlich-
keit einbildete. „Du warst auch mal echt sportlich,
Räuber".

Liebevoll kraulte er den Hund hinter den Ohren.
Räuber sah kurz zu ihm hoch, als wollte er das
bestätigen, und schlief dann in der Sonne weiter.
Die Katze schnurrte laut, ihr Fell war warm, und
Kai, der sie und Räuber abwechselnd streichelte,
wusste, dass er genau in diesem einen Moment
nirgendwo anders sein wollte. Nur hier.

Kapitel 8 -Die Freiheit von Fuchs

Wahrscheinlich erinnert ihr euch noch gut an Fuchs. Fuchs war die rote Katze, welche Mia zugelaufen war und die sie dann wieder verlassen hatte. Ab und an hatte Fuchs Mia kleine Geschenke vor die Haustür gelegt, Mäuse ausgerechnet, doch Mia selbst hat Fuchs nie wieder besucht.

Das hing nicht damit zusammen, dass er sie nicht leiden konnte. Ganz im Gegenteil.

Doch war Fuchs eben einfach gerne für sich. Da biss die Maus keinen Faden ab. Nur einen einzigen Menschen traf er in all der Zeit im Wald. Das war Anton, der sich oft im Wald vor seinem Vater versteckte. Am dem Tag, an dem er Fuchs gesehen hatte war sich dieser Anton nicht ganz sicher gewesen was er denn da überhaupt sah. Fuchs wusste auch warum. Ganz eindeutig war das rechte Auge dieses Jungen bis zur Unkenntlichkeit zuge-schwollen. Fuchs, der von sich ausging, vermutete einen Unfall. Anton hingegen wusste es besser. Es gab ganz handfeste Gründe dafür, warum er viel lieber im Wald als zuhause bei seinem Vater war. Bei Fuchs verhielt sich die Sache völlig anders.

Niemand war jemals freundlicher und liebenswerter zu ihm gewesen als Mia.

Er vergötterte sie geradezu, doch liebte er seine Freiheit noch ein bisschen mehr.

Mia wusste das natürlich nicht.

Sie zweifelte oft an sich, ähnlich wie Kai, dessen Mutter auch nicht gerade dem Bild einer glücklichen Mutter entsprach. Es gab da hinter der Ruine, zu der viele gingen, weil sie in der Gegend recht bekannt war, nämlich noch einen Ort. Einen Ort, den nur Kai kannte, und zu dem er sich flüchtete, wenn ihm alles wieder einmal zu viel wurde. Vermutlich wäre das auch so geblieben – immerhin war der Ort wirklich sehr versteckt. Und wenn Mia damals nicht so energisch nach Fuchs gesucht hätte und dabei nun das Gebiet rund um die Ruine sorgfältig und zentimeterweise durchkämmt hätte, wäre sie wohl niemals auf den von zahlreich herunterhängenden Ästen und Schilf sehr gut getarnten kleinen Nebeneingang gestoßen. Kai war natürlich nicht gerade begeistert gewesen, was man sich ja unschwer denken kann. Am liebsten hätte er sie auf der Stelle wie ein Huhn aus der Höhle gejagt, die er mittlerweile schon längst als seine eigene, ganz persönliche Rückzugsstätte ansah. Mia, die ganz behutsam in die Höhle getreten war, wiederum selbst ganz langsam um Fuchs, sollte sich dieser hier versteckt halten, nicht zu vertreiben, erschrak als sie Kai sah. Nicht nur weil sie hier nicht mit ihm gerechnet hätte - vor allem sein wilder Blick war ziemlich furchterregend. Doch dann, Mia wollte gerade schon vorsichtig wieder den Rückzug antreten, überlegte er es sich anders. „Komm rein", murmelte er. „Ist schon ok". Mia setzte sich zu ihm auf den Boden und sie begann von Fuchs zu erzählen und von Regina – vor allem aber von Fuchs. Sie sah ganz schön unglücklich aus und Kai konnte sich schon recht genau vorstellen warum. Auch wenn Mia so wirkte als könnte sie so einiges wegstecken.

Verlassen werden, ja, das war so ähnlich wie die Sache mit seiner Mutter. Natürlich ist eine Mutter nicht mit einer Katze zu vergleichen – aber trotzdem irgendwie. Kai verstand was Mia meinte. Er erzählte ihr von Lukas, dessen Igel auch oft verschwunden war, ebenso wie Kieran, der Rabe. Doch das half Mia nicht. Deswegen nahm er sie eines Tages sogar mit zu seiner alten Katze, später sogar zu Agathe. Das war schon eine sehr große Auszeichnung, daran gab es nichts zu rütteln. Kais alte Katze Maxime war, trotz ihres enorm fortgeschrittenen Alters von beinahe 20 Jahren eine prachtvolle Schönheit. In ihrem runden Gesicht entflammte zwischen den Augen eine Art weißes Pelzflämmchen, das symmetrisch zwischen ihren Augen und den getigerten Ohren saß. Ihr Gesicht war weich und durchaus freundlich, wobei es bereits mehrfach vorgekommen war, dass sie, wenn ihr etwas nicht gepasst hatte, sie ihre spitzen Zähne wahlweise in Arme und Beine derer gerammt hatte, die sie gerade nicht leiden konnte. Danach setzte sie erneut den Ausdruck vollkommener Gelassenheit und Harmlosigkeit auf, schleckte ihre ebenfalls weißen Pfötchen noch etwas sauberer oder verschwand sicherheitshalber gleich humpelnd hinter dem hohen Holzstoß vor Kais Haus um etwaigen Vergeltungsschlägen vorzubeugen. Wenn es aber jemanden gab, den sie aufrichtig liebte, dann konnte der sie streicheln, sogar gegen den Strich, mit sich umhertragen oder all das tun, was Katzen in der Regel sonst nicht so schätzen. Dennoch hätte sie keinem von ihnen die Bekanntschaft mit ihren enorm spitzen Zähnen machen lassen. Kai gehörte selbstverständlich dazu. Und auch Lukas. Vor allem aber, da es sich offenbar um eine große Liebe auf den ersten Blick handelte: Mia natürlich.

Maxime umschnurrte und umstrich sie mit ihrem ganzen Körper, sie stupste ihr Näschen auf Mias Nase, legte ihre Pfote, deren Krallen sie zuvor eingefahren hatte, auf Mias Hand und schnurrte lautstark beinahe den gesamten Wald zusammen.

„Sie mag dich total" grinste Kai und Mia strich so behutsam sie nur konnte mit dem Zeigefinger ganz vorsichtig und zart die kleine weiße Musterung zwischen Maximes´ Augen nach.

Es war ganz offensichtlich wie gut das allen beiden tat. Mia möglicherweise noch ein bisschen mehr. Kai spürte das deutlich. Und weil er noch so eine Ahnung hatte, was Mia helfen könnte, nahm er sie nur kurz darauf zu Agathe mit. Zwar war Agathe seine Freundin, Mia nun allerdings auch. Und für Mia war es eindeutig wichtig über Fuchs, die verschwundene Katze zu sprechen. Und wer außer Agathe hätte da besser zuhören können! Also entschloss Kai, dass die beiden sich kennenlernen sollten. Auch Agathe mochte Mia sofort, was Kai allerdings nicht besonders wunderte. Alle mochten

Mia. Außer sie selbst schien das einfach jeder zu wissen. Mia wiederum mochte Agathe, Das war wahrlich nicht zu übersehen. Kai wuchs innerlich ein bisschen, weil er so stolz auf seine geniale Idee war die beiden miteinander bekannt zu machen. Mia gab sich die Schuld am Verschwinden von Fuchs, aber nicht nur das.

Ihr Vater hatte die Familie vor einiger Zeit ganz überstürzt verlassen und war nach Amerika gezogen.

Laura, Mias Schwester, hatte er mitgenommen. „Manchmal kommt es mir so vor als wollte einfach niemand bei mir bleiben", flüsterte sie leise, fast tonlos und mit blassem Gesicht. Agathe setzte sich ganz nah neben sie und sagte: „Mia, überleg doch mal anders herum." „Wie meinst du das?" „Na ja, das ist doch klar, Mia. Überleg doch mal, wer alles bei dir bleiben will und nicht anders herum". Mia dachte nach. Tatsächlich waren da einige. Es gab Mama, Manfred, ihren Freund, Opa, Lukas, und überhaupt – ziemlich viele, die sie mochten. Trotzdem kam nochmal der Zweifel in ihr auf. Laura, ihre ältere Schwester, war nach Amerika mitgegangen.

„Papa wollte sie, nicht mich". Nun begann sie zu weinen. „Laura ist viel hübscher als ich, und klüger. Kein Wunder, dass er sie lieber möchte."

Agathe nahm Mia nun in den Arm und wartete bis sie sich ausgeweint hatte.

Agathes Raben waren in der Nähe und beobachten Mia.

Einige von ihnen waren schon von ihr gefüttert worden, und so hielten sie ganz still um Mia nicht zu stören. Auch Agathe sprach lange Zeit nichts. Dann sagte sie nur: „Du bist du, Mia. Du bist du."

Dabei lächelten ihre Augen zu ihr hin und Mia begriff, dass das das allergrößte Kompliment war zu dem Agathe fähig war. „Na ja, und Mia", Agathe lächelte jetzt noch ein bisschen mehr: „Weißt du, deine Mutter hätte dich auch nicht gerade gerne abgegeben."

Nun musste Mia auch wieder ein wenig lachen. Sie dachte an Kieran, Krakan, Kolja und Kiara, die Raben, mit denen sie sich so gut verstand. Dann schweiften ihre Gedanken zu Fuchs und sie er- innerte sich an die Mäuse, die er ihr heimlich brachte. So ganz schlimm und furchtbar konnte sie wohl tatsächlich nicht sein.

Agathes Lächeln ermunterte sie dazu, weiter nachzudenken.

Maxime fiel ihr nun ebenfalls ein, das schöne, Flämmchen zwischen ihren Katzenaugen.

„Ich vermisse Fuchs. Ich wünschte, ich könnte ihn noch einmal sehen", seufzte Mia plötzlich.

Tränen schossen ihr in die Augen. „Was wünschst Du Dir denn noch?", fragte Agathe sie behutsam? „Dass meine Maxime noch mindestens eine ganze Stunde mit mir schmust." Jetzt musste sie wieder ein wenig lachen. „Dieser Wunsch liegt genau vor Dir", bestätigte Agathe, Mia liebte es mit Maxime zu schmusen. Maximes´ Stirn an ihrer, die keine Zunge an ihrem Finger.

Maximes warme Pfötchen mit den eingezogenen Krallen auf ihrem Handrücken. Natürlich konnte Maxime Fuchs nicht ersetzen. Doch immerhin hatte Maxime ihr gezeigt wie sehr sie sie mochte. Sie. *Mia*. Und mit einem Mal fühlte sie sich ganz warm, leicht und glücklich.

Kapitel 9 - Mia und Matruschka

Mia hatte, das konnte man wirklich mit gutem Gewissen so sagen, Erfahrungen mit Katzen. Nicht zum ersten Mal war ihr eines der kleinen oder großen Fellbündel zugelaufen. Nur Fuchs, die rote Katze, die wieder in den Wald gelaufen war, um dort zu leben, hatte die Freiheit Mias Gesellschaft vorgezogen.

Getröstet hatte sie sich mit Maxime, der alten Katze von Kai, die sich auch von Mia gerne streicheln ließ. Doch gerade so als sollte es so sein, bekam Mia kurz darauf noch Katzenzuwachs bei sich zu Hause. Es war kein kleines, niedliches Kätzchen. Ganz im Gegenteil. Es war eine kugelrunde, steinalte Katze mit großen, grauen Augen. Mia fand, dass diese Katze einer dieser russischen Holzfiguren ähnlich sah, welche man ineinander stecken konnte. Also nannte sie die Katze: „Matruschka".

Matruschka war keine Streunerin.

Sie hatte zuvor bei einer anderen Familie gelebt, doch war sie ihrer überdrüssig geworden – oder vielleicht war es auch anders herum gewesen.
Die Familie besaß nun ein schickes kleines Rasse-hündchen, welches sich ganz possierlich bewegen

und famose Tricks vorführen konnte. Es hatte ein mit Strass-Steinen bedecktes, zierliches Halsband um und begrüßte jeden schwanzwedelnd, bellend und mit anhaltender Begeisterung.

Matruschka bemerkte sehr bald, dass man immer häufiger vergaß ihr Futternäpfchen zu füllen oder das Katzenklo zu säubern. An einigen Herbsttagen war sie sogar draußen vergessen worden, und das, obwohl sie eine Hauskatze war, und obendrein nicht mehr die Jüngste. Matruschka, schon etwas lahm in den Hüften, hatte sich daher auf den Weg gemacht um für den letzten Abschnitt ihres Katzen-Lebens nach jemandem zu suchen der es noch gut mit ihr meinte. Und so war sie recht bald, besonders verwunderlich ist das freilich nicht, auf Mia gestoßen. Lange war sie nicht mehr bei Mia, denn wie ihr wisst war sie schon alt. Sehr alt sogar. Doch jeder Tag zählt, finde ich. Auch jeder Tag im Leben einer alten Katze. Offenbar hatte das Matruschka ebenso empfunden, sonst hätte sie die wenigen ihr verbleibenden Wochen ja ebenso gut bei der mittlerweile lieblos gewordenen Familie zubringen können.

Doch war sie offenbar davon überzeugt, dass es nichts Besseres geben konnte als von Mia hinter den Ohren gekrault, und nachts in eine Decke gewickelt zu werden, am nächsten Morgen mit Futter und dazu am besten gleich noch vielen weiteren Streicheleinheiten geweckt zu werden.

Und obwohl Mia und Matruschka nicht mehr viel Zeit miteinander verbringen konnten, so war doch eben diese Zeit für beide etwas ganz und gar Besonderes. So ging es auch Kai mit seiner Maxime.

Das Leben zählt- vielleicht am Ende noch einmal ganz besonders.

Kapitel 10 – Katzennächte

Alle sagten Maxime mittlerweile den baldigen Tod voraus. Nur Lukas und Mia hielten sich zurück. Zum einen war es ohnehin offensichtlich, zum anderen wollten sie ihren Freund Kai nicht noch zusätzlich traurig machen. Sie wussten nämlich genau wie sehr Kai an seiner Katze hing. Besonders in den Tagen nachdem seine Mutter die Familie über Nacht verlassen hatte und weggegangen war, hatte ihn nur noch Maxime erreichen können. Heimlich hatte er sie ins Bett gelassen. Er wusste, dass sein Vater nicht davon begeistert war, wenn ein Tier mit im Bett lag, doch Maxime lag so ruhig und sanft auf seinen Beinen, am Fußende zusammengerollt, wie ein Zimtkringel und dabei ganz leise schnarchend, so dass es Kai niemals übers Herz gebracht hätte sie an einer anderen Stelle schlafen zu lassen. Doch nun, da Maxime alt und krank geworden war, wollte sie nicht mehr auf dem Bett liegen. Aus irgendeinem Grund zog sie es nun vor alleine draußen, in der Kälte zu schlafen, und niemand, auch nicht Kai, konnte sie davon abbringen.

Er hatte einmal gehört, dass Tiere zum Sterben nach draußen gingen, und da es anscheinend ihr Instinkt und ihr Wunsch war, wollte er sie nicht davon abbringen. In den Nächten, in denen Maxime nun nicht mehr auf seinen Beinen schlief, konnte Kai kaum Schlaf finden. Noch vor dem Frühstück ging er nach draußen, um nach Maxime zu suchen, wobei er jedes Mal davon überzeugt war, dass er sie nur noch tot auffinden würde. Allerdings, zu seiner Freude und auch zu seiner Überraschung, lebte Maxime noch immer und ließ sich, wenigstens zum Fressen und zum Aufwärmen, von ihm durch langes Anlocken ins Haus bringen. In den Nächten kam es ihm trotzdem so vor als sei sie bereits gestorben, was ihn sehr mitnahm. Plötzlich jedoch hörte er ein vertrautes, leises Kratzen an seiner Balkontür. Maxime! Er öffnete ihr, und mit einem

Satz sprang sie, obgleich sie so dünn und hinfällig erschien, auf ihren alten Stammplatz. Kai konnte sein Glück gar nicht fassen. Er lauschte auf ihr leises, regelmäßiges Schnarchen, fühlte ihren leicht gewordenen, kleinen Körper auf seinen Füßen und dachte sich: „Ja, sie wird bald sterben. Aber jetzt, genau jetzt, ist sie noch bei mir." So glücklich wie schon lange nicht mehr schlief er ein. Am nächsten Tag besuchte Kai Agathe. Er erzählte ihr von der Freude des unerwarteten Besuchs, aber auch davon, dass es Maxime wohl bald nicht mehr gäbe. Agathe versuchte gerade ein altes, verziertes Holzkästchen zu reparieren. „Uns werden allerlei Begleiter in dieses Leben geschickt", begann sie. „Begleiter, die mit uns auf dem Weg gehen, den wir sonst allein gehen müssten. Je mehr Begleiter, je mehr wir sie lieben, umso mehr helfen sie uns die jeweilige Strecke zu bewältigen." Kai zögerte. Es überzeugte ihn nicht: „Aber wenn der Weg danach noch schwieriger ist?" „Das war er zuvor ja auch schon, Kai. Weißt Du, den Menschen fehlt etwas- oder jemand- schon bevor sie ihn kennen. Doch wissen sie es nicht. Wie auch? Manche ahnen es vielleicht. Dann, wenn diese Sehnsucht ausgefüllt ist, fühlen sie sich ganz – so lange bis das Geliebte wieder weg ist. Weil sie dann eben wissen was sie vermissen, erscheint der Schmerz größer zu sein. Doch da war er schon immer. Der Schmerz und das Sehnen. So lange wir hier sind wird der Schmerz also immer unser Begleiter sein und uns mit seiner Schwester, der Sehnsucht, daran erinnern was wir vermissen und was wir eines Tages, vielleicht eines Nachts wieder finden werden. Unsere Begleiter hier erinnern uns durch ihre Existenz schon jetzt daran. Denn nichts geht verloren. Aber das weißt Du ja schon länger." Kai nickte. Er dachte lange über ihre Worte nach.

Maxime war tatsächlich seine Begleiterin gewesen. Wie schwer, wie vielfach schwerer wäre alles ohne sie gewesen. „Es war richtig gut, dass sie da war, oder?" Agathe lächelte. „Ganz davon abgesehen, dass sie ja sogar noch tatsächlich da ist." Kai dachte nun an das nächtliche, warme Schnurren von Maxime, und erneut fühlte er sich ganz sorglos und glücklich. Etwas in ihm ahnte, dass das Glück nur jetzt da war. Andererseits zählte auch das etwas. Das „*Nur Jetzt.*" Als dann der gefürchtete Tag kam, an dem er von ihr Abschied nehmen musste, war nichts mehr wie vorher. Er suchte sie überall. Obwohl er wusste, dass sie nicht mehr kommen würde, nicht mehr kommen konnte, suchte er sie automatisch an den Plätzen, an denen sie sich im Leben so gerne aufgehalten hatte.

Unter der Hecke, an der Mauer vor dem Haus, unter dem geweißelten Treppenabsatz. Doch keine Maxime. Wenn er im Laden am Katzenfutter vorbeilief, schnürte es ihm die Kehle zusammen, und nachts glaubte er manchmal ihre kleinen Schritte zu hören, wenn ihre Katzen- Krallen auf der Metalltreppe so ein ganz bestimmtes Maxime-Geräusch machten. Er glaubte sie dort maunzen zu hören oder schnurren. In den Nächten träumte er von ihr, und dann war sie wieder gesund und lebendig. Doch wenn er aufwachte, dann wusste er: Maxime war für immer fort.

Das war etwas Unvorstellbares, und es kam ihm so vor, als würde niemand so richtig verstehen können wie es ihm ohne Maxime ging. Egal was die Leute auch zu ihm sagten. Es gab keinen Trost für ihn. Er musste daran denken was einige über sie gesagt hatten, als sie krank wurde und nicht mehr hübsch aussah. Sie hatten sie beleidigt, sie hatten seine Katze, seine Maxime beleidigt. Jetzt lag sie still unter der Erde in Mias schönstes Tuch eingehüllt. Es war ein rosa-rotes Tuch mit bestickten Blumen darauf, und Maxime hatte so friedlich ausgesehen und auf einmal wieder so hübsch. Wenn er darüber nachdachte, dann war Mias Tuch der größte Trost für ihn gewesen. Das Wissen darum, dass Mia etwas hergegeben hatte das ihr selbst am liebsten war – für Maxime. Wenn er an dieses schöne Tuch dachte, dann fühlte er sich wenigstens ein klein bisschen wohler. „Hör mal Kai", sagte sein Vater, „Maxime hatte ein ausgesprochen langes, wunderbares Katzenleben." Lukas sagte nichts. Er wusste genau, dass in solchen Momenten alles, was man nur sagen konnte, ziemlich wenig half. Maxime war es gewesen, die bei Kai gewesen war, nachdem seine Mutter gegangen war. Maxime war niemals von Kais Seite gewichen. Und nun war auch sie nicht mehr da. Aber noch im Winter, am Tag, an dem Maxime gegangen war, fasste Lukas den Entschluss sich im Frühjahr mit Kai auf die sonnengewärmten Stufen vor dem Haus zu setzen. Dort wo Maxime immer am liebsten gewesen war. Hier würden sie an sie denken. Doch das sagte er ihm jetzt noch nicht. Das würde nicht passen. Ein Freund wusste so etwas. Und deswegen sagte er gar nichts und half Kai dabei den kleinen, hellen Grabstein - mit der Katzenpfote drauf- für Maxime zu beschriften und zu verzieren. Kai hat es niemanden erzählt. Doch in einer Nacht, in der seine Trauer im Maxime so groß wurde, dass er vor Traurigkeit nicht mehr ein noch aus wusste, da spürte er etwas Warmes in der Nähe seines Kopfes, und er hörte ein leises Schnurren. Etwas von ihr war da gewesen und hatte ihn besucht. Doch das war nur etwas zwischen ihm und ihr. Und so kam der erste Winter, in dem man weder Maximes noch Matruschkas kleine Pfoten-abdrücke mehr sehen konnte. Wie oft glaubte Kai Maxime draußen zu hören, und wie oft sah Mia hinter der Eingangstür nach, ob Matruschka sich dort zusammengerollt hatte, um auf sie zu warten.

Vergebens. Mia und Kai waren zu dieser Zeit besonders oft bei Agathe. Manchmal weiß man eben wer einem in schweren Zeiten am meisten helfen kann. Und diese Katzennächte ohne Katzen können sehr lang werden. Da, das versichere ich euch, braucht man jemanden wie Agathe. Agathe war der festen Ansicht, dass Kinder und Katzen, wenn sie von hier gehen müssten, an den besten aller Orte kämen. Natürlich beschränkte sich das bei Agathe nicht auf Katzen. Sie liebte alle Tiere- und sie liebte Kinder. In ihren Augen waren sie näher am Himmel. Wenn Agathe das sagte konnte man es viel besser akzeptieren. Es klang dann nicht so komisch. Agathe schien genau zu wissen was sie da sagte. Noch immer trauerte sie um ihre Tochter Annie.

Eine Trauer, die nie geht", hatte sie einmal gesagt. *„Und sie darf auch bleiben!"*
Die Trauer um Maxime würde ihm auch bleiben.

Es ging nicht darum Menschen mit Tieren zu vergleichen oder Kinder mit älteren Menschen.
Da war etwas Anderes, etwas, was man nicht in Worte fassen konnte.

Kai wusste das ebenso gut wie Mia. Nur Lukas war noch in der bevorzugten Situation „Katze" bei sich zu haben. Wenn ihr Lukas kennt, dann wisst ihr, wie sehr er das zu schätzen wusste.

Lukas hatte gelernt den Moment zu genießen – ebenso wie Kai es gelernt hatte die Zeit zu dehnen, und noch etwas mehr.

Und Mia konnte, durch ihre Geschichten, jede beliebige Zeit wieder auferstehen lassen – und sogar eine neue Zeit entstehen lassen.
Genau das machte sie hin und wieder mit einem Lächeln auf dem Gesicht.

Kapitel 11 - Freundschaftstreffen

Bei einem dieser verstärkten Besuche bei Agathe traf Mia auf Leah, einem Mädchen, das sie vom Sehen her kannte. Man muss schon sagen, dass es bei Agathe zuging wie in einem Taubenschlag, obwohl viele der Eltern die Besuche bei Agathe nicht gern sahen.

Zu verschroben erschien ihnen die alte Frau, die da am Waldrand lebte und von Katzen und Raben besucht wurde. Unweigerlich drängten sich alte, bedrohliche Bilder, Märchenerzählungen von bösen Hexen auf. Wer aber Agathe kannte, der wusste, dass nichts und niemand weiter von dieser Vorstellung entfernt war als Agathe. Mia mochte Leah, aber trotzdem sprach sie kaum mit ihr. Es war ihr selbst peinlich, doch war sie ein wenig eifersüchtig. Sie wollte Agathe einfach ganz für sich allein haben, und es versetzte ihr einen kleinen Stich zu sehen, dass Agathe und Leah, das hübsche Mädchen mit den großen, blauen Augen, so vertraut miteinander waren. „Ob Agathe sie lieber hat als mich?", fragte sich Mia. „Ob Fuchs Leah lieber hätte?" Mit Lukas zu teilen, oder mit Kai, fiel ihr nicht schwer. Bei Leah aber war es anders.

Immerhin aber übersah sie Anton, der auch oft bei Agathe war. Das hätte ihr jetzt gerade noch gefehlt! Manchmal sieht man ohnehin nur das, was man sehen möchte. Trotzdem ist es auch für mich schwer zu erklären, warum man manchmal über viele Jahre hinweg jemanden völlig übersieht, der einem später dann so wichtig wird, dass man sich gar nicht mehr vorstellen kann wie man jemals ohne ihn leben konnte oder wollte. Wenn die Eifersucht in Mia zu stark wurde, setzte sie sich hin und schrieb an ihren Geschichten für Kai weiter. Ein wenig schrieb sie sie aber auch für sich selbst, ihre Zauberbücher.

„Schreiben ist so wie etwas zu finden, das man schon sein ganzes Leben lang gesucht hat", erklärte sie Lukas einmal. „Erzählst du mir wieder etwas von Luna?" „Ja, ist doch klar", antwortete sie ihm, wie immer.

„Aber heute erzähle ich dir lieber zuerst etwas von Matruschka und Maxime" „Leg los, bin ganz Ohr".

So begann Mia zu erzählen bis sie (und er) sich ein weniger besser fühlten als zuvor.

So war das eigentlich immer.

Deswegen waren es ja auch Zauberbücher. Sie munterten Lukas ebenso auf wie Kai oder Mia selbst.

Lukas hingegen hatte seinen eigenen Weg Kai auf andere Gedanken zu bringen.

Obwohl: So sehr unterschied er sich eigentlich gar nicht von Mias Weg, Lukas konnte es schwer ertragen seinen Freund so zu sehen.

Ob er ihm vielleicht einfach die Geschichte von Euklesophos erzählen sollte?

Lukas war sich nicht sicher. Er wollte sich eben ungern blamieren.

Was, wenn Kai die Geschichte nun für Kinderkram hielt? Klar, Mia hatte er sie erzählen können.

Aber Kai war nicht Mia, er war ein ganz anderer Typ Mensch. Andererseits gingen Lukas die Ideen aus, was ihn störte.

Er wollte unbedingt etwas unternehmen, um Kai wieder aus seinem tiefen Loch herauszuholen.

Also nutzte er einen der Tage auf dem Katzenfelsen, um ihm davon zu erzählen. Er kam aus dem Reden überhaupt nicht mehr heraus.

Sogar von Mias Eiskönigin erzählte er und davon, dass nichts verloren geht. Kai hörte sich das alles an, fand die Geschichte gar nicht schlecht, meinte dann aber, dass er nicht wüsste, ob er an so etwas glauben könnte. „Ich weiß nicht", meinte er, „ob es mir so wichtig wäre alle wiederzusehen."

Er dachte nach und sagte dann:
„Vor allem ist es mir wichtig, dass sie überhaupt da waren. Weißt du, was ich meine?"

Lukas nickte. „Ja, ich glaube schon."
„Manchmal", erzählte Kai, „stelle ich mir einfach vor, dass die Zeit zurückgedreht wurde, und mein Hase noch da ist. Dann zählt nur dieser Augenblick, in dem ich mich an ihn erinnere, und das hilft mir dann über den Tag zu kommen, irgendwie." Lukas wusste nicht was er antworten sollte.
Gerade Kai rückte nicht sehr oft mit solchen persönlichen Dingen heraus.

Er wollte nichts durch ein paar unbedachte Worte kaputt machen und überlegte krampfhaft was er sagen sollte. „Entspann dich", meinte Kai einfach. „Jeder macht das so wie es für ihn gut ist, oder?"
„Ja", antwortete Lukas leise. „Der Moment, an dem einem klar wird, dass es eine Erinnerung ist, der ist mit Abstand der schlimmste", ergänzte Kai noch.

„Doch man kann sich dagegen gut absichern."
„Wie denn?", wollte Lukas wissen. „Indem man dann trotzdem einfach mit den Gedanken wieder dorthin zurückgeht", erklärte ihm Kai.
„Auch wenn man weiß, dass es eine Erinnerung

ist….trotzdem, weißt du, trotzdem. Du kannst diese besondere Erinnerung von allem abkoppeln und dadurch schützen. Sie ist dann das, was zählt" Lukas nickte. „Und in diesen Momenten muss man dann schweigen! Man darf nicht in den Übergang fallen wie in eine Felsspalte. Man muss ihn um-gehen!" Das konnte er sich gut vorstellen.

Lukas nahm sich vor das gelegentlich selbst einmal auszuprobieren. Bevor er etwas darauf antworten konnte, wollte Räuber ihre ganze Aufmerksamkeit, was Lukas nicht im Geringsten störte.

Er dachte an Mia und an den Wind, der ihn jedes Mal an Mia denken ließ, an die Eiskönigin, den Zauberer, aber auch an Kais Erinnerung. Er dachte an all das, was zählte, während Räuber dem Stock nachjagte, den Kai für ihn geworfen hat.

Räuber wirkte so glücklich, Kai nun endlich auch ein wenig. Und das war ein gutes Gefühl.
„Kommst du morgen mit zu Agathe?", fragte Lukas Kai. „Morgen wollte Mia zu ihr hin, ich glaube, sie braucht Agathe gerade von allen am meisten", antwortete dieser.
„Kann gut sein", bestätigte Lukas und warf noch einen Stock für Räuber. Räuber wedelte mit dem

Schwanz und machte sich auf um den Stock zu erbeuten. Insgeheim hoffte Lukas nichts mehr als dass es seinen Freunden bald wieder ein wenig besser gehen würde. Wenigstens ein bisschen.

Kapitel 12- Agathe und die Wandelbilder

Was Agathe Mia in dem Monat nach Matruschkas und Maximes´ Tod über die Wandelbilder erzählte, das möchte ich euch nicht vorenthalten. Es kann ja sein, dass ihr das auch mal ausprobieren wollt.

Mia jedenfalls hat es gefallen.
Begonnen hatte es mit drei ihrer Raben, die sich in Agathes Haus versteckt hatten.
Einer von ihnen, vermutlich Krakan, schärfte sich hingebungsvoll den Schnabel an ihrem Türrahmen, der andere schob Fotographien auf dem Wohnzimmertisch herum und der dritte machte sich an der Kiste zu schaffen, in der Agathe all ihre alten Fotografien aufbewahrte. „Es war so, Mia", begann Agathe ihre Erklärung.
„All diese vielen Bilder sind eine Sammlung meines ganzen Lebens. In der Kiste befanden sich Bilder, die schön waren und auch Bilder, die schrecklich waren." „Schrecklich?" Mia konnte sich gar nicht vorstellen, was Agathe da wohl geknipst haben

mochte. „Also schrecklich ist es deswegen, weil ich persönlich ganz schreckliche Erinnerungen mit ihnen verbunden habe! Ihre Stimme klang nun sehr leise, beinahe murmelte sie.

„Es gab da so ein besonderes Bild. Ich hatte Angst es anzusehen." Doch es lag mitten auf dem Tisch, als ich hinter den Raben trat." Sie zögerte. Ich fragte ihn, was er da mache. Schließlich war es Kieran.
Nun lächelte sie glücklich. Wenn sie von Kieran sprach passierte ihr das oft. „Kieran nahm dieses Bild und schob es einfach so an die linke Ecke des Tischs.

Nun war es irgendwie kleineres wirkte nicht mehr so schlimm, jedenfalls konnte ich es plötzlich an-schauen ohne ..." Sie brach ab, doch Mia wusste was sie meinte. „Seitdem verschiebe ich die Bilder in meinem Kopf häufig. Manchmal mache ich sie in meinen Gedanken noch kleiner oder schwarz-weiß, oder ich stelle sie einfach auf den Kopf." Nun lachte sie laut heraus, so wie das Agathe öfter machte und weswegen man sie einfach gernhaben musste.
„Probiere es ruhig mal aus, Mia, es klappt!" Ich weiß nicht ob Mia es ausprobiert hat.
Doch, um ganz ehrlich zu sein, würde es mich wirklich wundern, wenn sie es nicht getan hätte.

Mir hätte das wohl auch nicht geschadet. Oder Lukas, oder Kai. Doch das ist eine andere Geschichte. Lukas wenigstens vermisste noch immer Katha und seinen Vater. Daran, das wusste er tief innen genau, würde sich niemals etwas ändern. Dieses Gefühl war nun ein Teil von ihm geworden.

So wie es auch zu einem Teil seiner Mutter geworden war. Auch wenn sie versuchte ein neues Glück für sich zu finden. Lukas konnte das irgendwie schon verstehen, auch wenn er es nach außen hin nicht besonders gerne zugegeben hätte.

Und es gab noch etwas über das er nicht gerne sprach. Einen Wunsch. Er wünschte sich nämlich, dass er wenigstens zu ihrem Grab gehen könnte. Davor hatte er immer noch so große Angst.

Allein schon die Vorstellung davon schaffte es ihm oft genug den Schlaf zu rauben. Wie ein großer, böser Schatten saß diese Angst in manchen Nächten auf seiner Brust, größer noch als die Schatten, die Stachel damals mit ihm vertrieben hatte.

Doch wenn er an ihn dachte, an sie alle: An Stachel, Gerda, an Kai, an Oma, Mia und Luna, an seinen Wald, dann wurden Angst und Schatten schwächer.

Wenn er dabei dann noch Kierans schöne, weiche, schwarzglänzende Feder in der Hand hielt und die Geschenke, die er ihm gebracht hatte ansah, kleine Baumrinden, Steine, Eicheln, Federn, dann kam es ihm für einen Moment so vor, als könne er auch diese Angst eines Tages überwinden.

Er hatte bereits andere Ängste überwunden, warum dann also nicht auch diese? Mia, die es Lukas immer ansah wenn ihn etwas bedrückte versuchte ihn aufzuheitern. Meist war Lukas in dieser dumpfen, gedrückten Stimmung wenn sie dabei war ihre sieben Sachen zusammen zu packen. Wenn es für sie also wieder Zeit war zu gehen.

„Ich glaube fast", sagte Mia, „dass Du bald Besuch bekommen wirst." Das war von Mia nur geraten, doch Anton sah es wirklich innerlich vor sich.

Er sah einen kleinen Jungen, der bald bei Lukas wohnen würde. Verstehen konnte er es allerdings nicht. Aber wer kann schon Bilder aus der Zukunft verstehen wenn einem der Zusammenhang fehlt?

Mia hatte Recht: Wie immer konnte Lukas es kaum aushalten wenn Mia wieder fortging. „Erzählst du mir vorher noch eine Geschichte von Luna?"

Mia nickte. „Klar". Und sie begann zu erzählen.

Von Luna und dem Glücksraben. Lukas genoss die Geschichte, aber er beneidete Mia auch.

Bei ihr schien alles so glatt zu laufen. Sicherlich hätte Mia keine Angst zum Grab zu gehen.

Das musste ihm doch auch endlich einmal gelingen. Ungeduld und Zorn stiegen in Lukas hoch und fielen gleich darauf wieder in sich zusammen.

Plötzlich fühlte er sich ganz klein und mutlos.

Nur die Geschichte von Mia schaffte es, ihn wenigstens ein kleines Stück mit sich fortzutragen.

Es ging also um Luna und um einen Glücksraben.

Kapitel 13 - Luna und der Glücksrabe

Es ist ja nun schon länger bekannt, dass nicht nur die Federn eines Raben, sondern zumeist auch noch der ganze Rabe selbst ein einziger Glücksbringer ist.

Über die Jahrhunderte ist dies leider häufig in Vergessenheit geraten. Luna, obwohl sie noch so jung war, wusste das ganz genau.

Kolja war ein ganz besonderer Glücksbringer, das war nicht zu leugnen. Ein großer Teil der üblen und schlechten Geschichten über Raben hing damit zusammen, dass man dachte, sie brächten unweigerlich den Tod mit sich. Das wiederum hing damit zusammen, dass in den meisten Zimmern der schwer Kranken oft in den langen Nächten Licht brannte, und Wissenschaftler sagten später, dass die Raben vom Licht angezogen worden wären. Das stimmt tatsächlich, denn Raben lieben das Licht.

Doch hatte es auch einen anderen Grund, den Kolja fast täglich vorlebte.

Was nämlich selbst die allerklügsten der Wissenschaftler nicht wussten:

Raben halten Wache und beschützen die Kranken. Wenn sie da so zusammensitzen, mag das nach außen hin etwas unheimlich aussehen. Auch ihr Krächzen trägt sicherlich nicht dazu bei, dass man sie für eher freundliche Tiere hält. Ebenso wenig wie die schwarze Färbung ihres Gefieders. Doch

Lukas, der hinter all diese Dinge blicken konnte, wusste es besser. Und Luna, die schlauste und frechste aller Eulen sowieso. Doch zurück zu Kolja.

Kolja, der sich aus einem fremden Wald hierher verirrt hatte, wurde erfreulich schnell von den anderen Raben aufgenommen.

Das ist ja nicht immer selbstverständlich, doch im Fall von Kolja machten sie dies offenbar gern. Ich glaube, dass es im gesamten Wald wohl keinen hilfsbereiteren Vogel als ihn gab. Und das war noch nicht alles. Die Begegnung mit Kolja hatte zur Folge, dass jene, die ihm begegnet waren, für mindestens eine, eher zwei Wochen, in allem was sie taten, geradezu vom Glück verfolgt wurden. Selbst Luna hatte ihren Urlaub dem Umstand zu verdanken, dass sie kurz zuvor Kolja begegnet war. Und man kann sagen, was man will: Selbst eine so kleine und junge Eule wie Luna braucht ab und an eine Pause. Luna wusste, dass Lukas große Erwartungen an sie knüpfte, und das konnte schon einmal so richtig stressig werden. Allein schon der ständige Vergleich mit ihrer Mutter Gerda, die, neben ganz besonderen Flugkünsten, über ein sehr seltenes magisches Geheimnis verfügte.

Ein wenig stolz war Luna zwar schon auf ihre berühmte Mutter, doch konnte es, wie gesagt, ab und zu auch ziemlich anstrengend sein. Umso glücklicher war Luna als ihr Kolja direkt nach dem Urlaub, den sie am Meer verbracht hatte, erneut begegnete. Sie begrüßten sich ausgiebig, und Kolja begleitete sie ein wenig. Luna und er flogen so selbstverständlich und so sicher nebeneinander her, als könnte es gar nicht anders sein. Sie beklagte sich ein wenig über Krykon.

Kolja war ein ausgezeichneter Zuhörer, und es tat wirklich gut Zeit mit ihm zu verbringen.

Schließlich erzählte sie ihm von Lukas und davon, dass er hoffte, sie würde weiter und höher fliegen als je eine Eule vor ihm.

Kolja hörte zunächst nur zu, dann gab er etwas von sich, das wie ein einfaches, harmloses und alltägliches Krächzen klang. Natürlich war es mehr als das. Luna verstand es sofort. Und so begann sie noch in der gleichen Woche eisern zu trainieren. Damit meine ich- so richtig! Zunächst hatte sie bei ihren Versuchen ein enormes Anfängerglück.

Ich denke aber, dass man das braucht, und dass Anfängerglück aus diesem Grund allein schon kein Zufall sein kann.

Jetzt mal von Kolja ganz abgesehen.

Es gilt auch für die, die ihm nie begegnet sind. Klar, Luna wusste Bescheid was Kolja und das Glück betraf. Den Grund ihres Anfängerglücks kannte sie also genau, wenigstens zum Teil. Doch dann, nach einer Weile, spürte sie, dass es mehr war als das. Viel mehr. Sie selbst war es nun, die das alles erreichte. Luna wollte es nicht nur für Lukas schaffen. Vielmehr wollte sie es für sich selbst. Sie wollte die Gärten sehen, die so hoch oben gelegen waren, dass es einer langen Vorbereitung bedurfte, um sie zu erreichen. Dass es sich lohnen würde - davon war nicht nur Luna überzeugt. Nur ab und zu war sie kurz davor aufzugeben. Wenn Kolja nicht gewesen wäre, wer weiß, ob sie es zu Ende gebracht hätte. Doch er war ja da. Er war immer da, wenn der Mut sie verließ, und die Kraft aus ihr gewichen war. An einem der Abende, die besonders hell waren, hob sie an und versuchte ihr Glück. Noch konnte sie die Gärten nicht erreichen, doch spürte sie, dass es ihr bald gelingen würde. Auch Kolja war das sofort aufgefallen, und man merkte ihm an wie stolz er auf Luna war. Er war ein echter Freund, und niemals wieder hat es im Wald einen hilfsbereiteren Vogel als ihn gegeben.

Davon wusste Luna genauestens zu berichten. Sie erzählte es im ganzen Wald, und später, als sie die Gärten schließlich erreicht hatte, erzählte sie es auch dort. Nötig wäre es allerdings durchaus nicht gewesen. Man wusste es nämlich schon. Und das, soviel kann man sagen, ist nun wirklich ganz und gar nicht verwunderlich. Oder was meint ihr? Kolja hingegen blieb genau wer er immer gewesen war. Obwohl er mittlerweile so berühmt war, änderte sich gar nichts an seinem Wesen.

Er hörte weiterhin gut zu, half seinen Freunden und brachte allen, die ihm begegneten, Glück.

Und obwohl er selbst nie ein besonderes Glück zu haben schien, sondern immer nur das *kleine* Glück, wie er es nannte, schätzte er dieses höher ein als alles andere. Nur Luna wusste, dass Teil des kleinen Glücks seine geliebten Walderdbeeren waren.

Walderdbeeren, am besten noch mit Regen-würmern, deren samtiger Geschmack mit nichts zu vergleichen war. Höchstens noch mit den saftig-feinen, Walderdbeeren und den Regenwürmern aus seiner weit entlegenen Heimat, die viele lange, sehr anstrengende Flugstunden entfernt lag, und die er ab und zu ganz heftig vermisste. Süße Wald-erdbeeren mit Regenwürmern konnten einem da echt ziemlich gut weiterhelfen. Man musste sie aber sehr langsam essen – und mit Bedacht. Am besten gemeinsam mit einem guten Freund. Und Luna wusste solche Dinge jederzeit gut für sich zu behalten. Sie war eben eine echte Eule.

Da mittlerweile niemand im ganzen Umkreis des Waldes so gut und soweit fliegen konnte wie sie würde sie Kolja die Walderdbeeren mitsamt den Regenwürmern aus seiner fernen Heimat bringen. Zugegeben: Ein winziger Katzensprung war es zwar nicht gerade. Zudem gab es dort Adler, vor denen sie sich hüten musste. Adler waren so außer-ordentlich gute Jäger. Niemand wurde gern zur Zwischenmahlzeit für sie. Doch eine Eule, die sogar die Gärten des legendären Euklesophos erreichen konnte, so eine Eule konnte auch einmal die halbe Welt umrunden um einem wahren Freund, einem Freund wie Kolja, seine Walderdbeeren von daheim mitzubringen. Das war eben einfach eine Sache der

Ehre. Aber damit würde sie ihn überraschen. Ganz
bestimmt! Gleich nach den nächsten Ferien.

Kapitel 14 - Besuch von Sam

Lukas vermisste Mia so sehr, dass nur Kai in der Lage war ihn zumindest halbwegs davon abzulenken. Gemeinsam gingen sie heute, wie immer, ihren Weg durch den Wald zur Schule hin. Doch etwas war anders als sonst: Frau Maida, die bisherige Klassenlehrerin, war schwanger, so dass Lukas´ Klasse vorübergehend mit der Parallelklasse ge-meinsam unterrichtet wurde. Frau Kirchberger, die wirklich mehr als seltsame und wirklich unfreundliche Vertretungslehrerin, hatte es auf Lukas abgesehen. Warum, das wusste eigentlich niemand. Aber Lukas war klar, dass er sich bei ihr doppelt anstrengen musste, nur um wenigstens keinen Ärger zu bekommen. In dieser Woche musste er ein Referat über Tiere im Winter halten. Noch auf dem Weg zur Schule übte er mit Kai. Lukas wusste genau, dass mit Frau Kirchberger nicht zu spaßen war. Und deswegen verbot er auch der Katze, die ihm eigensinnig bis hin zum Schulgebäude gefolgt war, mit in das Klassenzimmer zu kommen. Eine zornige Ruhe, die jeden Augenblick um sich greifen konnte, begleitete sie in jedem Augenblick. Es war eine kalte, böse Ruhe, die ihr innewohnte, und die sich selbst nach außen nicht verriet. So blieb der

Zeitpunkt der Tiefschläge, die sie immer wieder auszuteilen pflegte, jeweils solange im Dunkeln bis sie wie aus heiterem Himmel wie gemeine kleine Blitze über einen kamen. So auch heute: Lukas war gerade dabei über das Thema: *Tiere im Winter* zu berichten, zu dem er einen Vortrag halten musste. Lukas hatte alles genau nachgelesen, und war sich eigentlich sicher, dass dies ein wirklich gelungenes Referat werden würde. Leider hatte er sich gründlich geirrt. Zunächst lief alles noch genau nach Plan. Sogar die Katze wartete diesmal draußen und störte ihn nicht. Lukas hatte zunächst aufgezählt welche Vögel in den Süden flogen, und welche Vögel auch im Winter in den kälteren Gefilden, also bei uns, blieben. Gerade war er bei den Raben angelangt, als Angelina aus der mittleren Reihe verlauten ließ, dass Raben furchtbare und abstoßende Tiere seien, denn sie brächten nur Unglück in die Welt. Schlechte Eltern seien sie auch, bemerkte Frau Kirchberger eifrig und fügte hinzu, dass daher auch der überall bekannte Begriff „*Rabeneltern*" stamme. Lukas konnte nicht fassen wie dumm seine eigene Lehrerin so daherredete, – selbst wenn sie nur die Vertretungslehrerin war. Bei Angelina hatte ihn das Gerede nicht weiter verwundert. Sie wusste es eben nicht besser. Aber

Frau Kirchberger war eine Lehrerin. *„Das ist nicht wahr!"*, fuhr es, schärfer als er es beabsichtigt hatte, aus ihm heraus. *„Das sind nichts als Vorurteile und Aberglaube, nichts als leeres Geschwätz!"* Er war empört. *„Woher willst **du** das denn wissen?"* Frau Kirchberger blickte ihn mit all der abschätzigen Herablassung an, zu der sie fähig war. Unnötig zu erwähnen, dass sie ganz schön viel von dieser Dosis aufbringen konnte. Die meisten Kinder hätten allein ihr Blick und die beißende Ironie in ihren Worten zum Schweigen gebracht. Lukas, der vor kurzem ebenfalls noch gewissermaßen beinahe im Erdboden verschwunden wäre, erkannte sich selbst nicht mehr. Aufrecht und gerade stand er vor der Klasse. Mit hoch erhobenem Kopf blickte er Frau Kirchberger fest in die Augen: *„Ich weiß es, weil in meinem Wald eine Menge Raben sind, und ich sie kenne, solange ich denken kann."* Er dachte an Kieran, den zahmen Raben, und an den toten kleinen Raben, Ruby, mit dem beinahe schon violett wirkenden Gefieder, der in einem Frühjahr das schon weit zurückzuliegen schien, gestorben war. Lukas erinnerte sich daran, wie all die Raben des Waldes sich um ihn herum auf den Bäumen platziert hatten, und wie ihr Krächzen in einem großen Trauergesang seinen Tod begleitet hatte.

„*Es sind sehr soziale Tiere!*" fügte er hinzu, „*im Gegensatz zu Ihnen, Frau Kirchberger!*"

Den letzten Teil dachte er sich nur. Er hatte beschlossen, dass das zu weit gehen würde, also verkniff er es sich schweren Herzens. Bereits jetzt war Lukas für Frau Kirchbergers Begriffe ohnehin schon viel zu weit gegangen. „*Dein Wald?*" fragte sie spöttisch. „*Dann ist das hier wohl auch Dein Klassenzimmer?*" Einige der Kinder lachten, unter ihnen auch Angelina. Andere wiederum schwiegen betreten, und man sah ihnen an, dass sie sich unbehaglich fühlten. „*Nun ja*", setzte sie schließlich hinzu, „*damit hier keine Missverständnisse entstehen, werde ich mal die Klasse darum bitten dein*

Referat zu benoten, dann werden wir ja alle sehen."
Suchend sah sie sich im Raum um, dann zeigte sie
mit dem Finger spitz auf Angelina. „*Du da,
Angelina, wie fandest du das Referat von Lukas?*"
Angelina antwortete, dass ihr das Referat gar nicht
gefallen habe, und dass man es keinesfalls besser
bewerten dürfte als mit einer Vier. Frau Kirchberger lächelte zufrieden und trug etwas in ihr
Notenheft ein. „*So ein Quatsch!*" rief Kai plötzlich
dazwischen. „*Lukas hat wirklich alle Vögel im
Wald benannt, er hat Bilder mitgebracht, und er hat
es spannend erzählt! Das war richtig super, er hat
die beste Note überhaupt verdient!*" Kai war vor
Aufregung ganz rot im Gesicht. „*Beruhige dich mal
ganz schnell wieder!*", zischte Frau Kirchberger
drohend. „*Du wirst doch wohl nicht ernsthaft
glauben, dass deine Meinung hier was zählt.*" „*Hä,
ich meine: Warum das denn nicht?*" wollte Kai
reichlich verdattert von ihr wissen. „*Das ist doch
wohl vollkommen offensichtlich, du meine Güte!*"
Ihre Stimme klang nun zuckersüß und boshaft
zugleich. „*Weil du sein Freund bist natürlich!*" Sie
verdrehte die Augen ein wenig. „*Glaubst du denn
wirklich im Ernst, dass ich hier Wertungen von
Freunden gelten lasse?*" Sie schüttelte in gespielter
Verzweiflung den Kopf, um dann in ein empörtes

Schnauben überzuwechseln. *„Das wäre ja wirklich noch schöner!!!"* Frau Kirchberger ließ sich auf ihren Lehrerstuhl niedersinken und beschloss die Diskussion mit den Worten: *„Außerdem habe ich dich gar nicht aufgerufen, und wenn du auch glaubst, dass das hier **Dein** Klassenzimmer ist, dann hast du dich ebenso gründlich geschnitten wie **der** da."* Sie nickte mit dem Kinn in Lukas' Richtung. Kai sah jetzt ziemlich unglücklich aus. *„Aber...."*, stammelte er verzweifelt; Lukas winkte ab.

Er wollte nicht, dass Kai sich noch weiter unnötig in Schwierigkeiten brachte. Das hier war ein gänzlich ungleicher und ein aussichtsloser Kampf.

„Also mir hat es auch gefallen!" Die entschlossene Stimme gehörte Jana aus der letzten Reihe, die immer sagte was sie dachte.

„Ihr Kinder macht mich echt krank!" schimpfte Frau Kirchberger nun mit rotem Kopf.

„Jedes Mal, wenn ich von Euch nachhause komme, brauche ich erst einmal einen Schnaps!"

Mit dem Thema kannte sich Lukas zwar nicht so gut aus, aber er glaubte nicht, dass das normal sein konnte. So schlimm war die Klasse ja nun auch wieder nicht. Die Stunde endete mit einem lauten Klingeln und einer glatten Vier in Frau Kirchbergers Notenbuch.

Trotz dieser Note war Lukas stolz auf sich. Auf sich und auf Kai. So richtig stolz. Zumindest ein guter Anfang war es gewesen.

Und der Rest würde sich zeigen. Zuhause erzählte er Mama davon, wie dumm sie wegen der Raben gewesen war.

„Aber Lukas", sagte sie streng, *„zu sagen, dass deine Lehrerin dumm sei – das gehört sich einfach nicht."*

Lukas seufzte. Selbst Mama verstand manchmal echt nicht, worum es ging. Darauf antwortete er nicht, doch dann erzählte er ihr auch von dem Schnaps, den Frau Kirchberger nach der Schule trinken müsste. *„Vielleicht sollte Frau Kirchberger* *einfach mal was Anderes machen*", schlug Mama vor, als er ihr davon erzählte.

„Manchmal braucht man einfach eine Pause von den Dingen." Natürlich war es nicht möglich, dass Frau Kirchberger diese Unterhaltung mitgehört haben konnte. Nicht einmal die Katze war in der Nähe, als er und Mama das besprochen hatten. Umso verblüffter war Lukas, als sie am nächsten Tag tatsächlich fehlte. Aber, wer weiß. Sie war ja immerhin eine Lehrerin; ganz dumm konnte sie also nicht sein. Wahrscheinlich war sie irgendwie auch selbst darauf gekommen, auf diese Sache, von der Mama gesprochen hatte. So ganz abwegig war es nicht eine Pause machen zu wollen wenn man so etwas wie Schnaps brauchte, nur um die Schüler einigermaßen ertragen zu können. Während Lukas noch überlegte, ob sie nun vielleicht für eine Weile Schafe hüten würde oder doch eher in einem fernen, warmen Land braune Vasen aus Ton oder anderen Materialien herzustellen beabsichtigte, kam Frau Schönfelder, die Direktorin, herein. Lukas mochte sie schon immer, und als sie auch noch ankündigte, dass sie die Klasse in den nächsten Wochen übernehmen würde, freute er sich. Frau Schönfelder war auf eine Art wie ein Reh. Ein wunderbares und sanftes Reh. Sie wandte sich mit

einem Lächeln und enorm großen, fast haselnuss-
braunen Augen an ihn.

*„Möchtest du dein Referat heute noch einmal
halten, Lukas?"* fragte sie freundlich. *„Ich hatte
leider keine Gelegenheit mehr mich auf den
Unterricht vorzubereiten."* Lukas nickte.

Frau Schönfelder winkte ihn mit einer auf-
munternden Handbewegung nach vorne. *„Heute",*
begann Lukas, *„möchte ich gleich zu den Raben
kommen".*

Er nahm seine Feder aus der Tasche und hielt sie
nach oben. Damit begann sein Vortrag. Mit der
Feder, mit Kieran, dem Raben, und damit, dass
Raben ganz wunderbare Freunde waren, und gute
Eltern sowieso. Er erzählte von Ruby, dem kleinen
verletzten Raben, den er ihm Frühjahr begraben
musste und er erzählte von Kieran, der ihn darauf-
hin getröstet hatte, und der die Nacht nach Rubys
Tod mit ihm im Baumhaus verbracht hatte. Er
erzählte von den Raben, die gekommen waren um
Rubys Tod zu beklagen und beschrieb genau, wie
sehr ihnen der Tod des kleinen Vogels zu Herzen
gegangen war. *„Rabeneltern sind gute Eltern",* fasste
Lukas zusammen und sah in die Runde. Kai riss den
Applaus an. Er sah begeistert aus. Ja, Kai konnte es
eben so gar nicht leiden wenn man schlecht über

jemanden sprach ohne die genauen Hintergründe zu kennen. Er hörte gar nicht mehr auf zu klatschen. Kai war eben ein echter Freund, das war klar. Manchmal machten sie auf dem Rückweg einen Umweg über die Ruine. In der Nähe gab es noch ein Versteck, welches Kai ganz für sich alleine brauchte. Nicht einmal Lukas wollte er dort bei sich haben. Einerseits fand Lukas das richtig schade, andererseits konnte er es auch wiederum verstehen. Manchmal war es eben so, dass man etwas für sich ganz alleine brauchte. Daher hatte er ihn auch nicht weiter danach gefragt. Die Höhle und die alte Ruine reichte Lukas aus. Hier verbrachten er und Kai viel Zeit und er fühlte sich von kaum einem anderen Menschen so gut verstanden wie gerade von ihm.

Auch wenn er sich, was Zahlen betraf, immer wieder irrte. Doch darauf kam es Lukas nicht an.

Immerhin hatte Kai ihm dafür den verfallenen, fast komplett mit Moos überwucherten Steinbrunnen gezeigt und er teilte mittlerweile sogar seine Brote mit ihm. Ab und zu sprachen sie von Simon, dem Waldarbeiter oder von anderen Dingen, die ihnen wichtig waren. Und dann zog Kai eine Dose aus dem Rucksack in dem er die Brote für sie beide aufbewahrte. Das klang zwar komisch, doch es gab nichts was Lukas lieber aß als die Brote von Kai.

Oftmals verspürte er den ganzen Tag über keinen Hunger und seine Mutter hatte sich schon mehr als einmal heftig darüber beklagt, dass er zu wenig aß. Doch aß er nicht mit Absicht wenig.

Häufig saß ihm etwas im Bauch. Etwas, das ihm die Lust auf das Essen verdarb. Lieber ging er in solchen Augenblicken hinaus zu seinen Tieren.

Es fühlte sich häufig so abgeschnürt an in ihm drin, so als wäre in ihm gar kein Platz mehr für irgendetwas Anderes. Doch wenn Kai dann die Brote aus dieser Dose herausfischte, umständlich und mit dem regelmäßigen Hinweis darauf, dass er die geniale Zusammensetzung des Belages komplett selbst erfunden hätte, dann war das anders.

Dann öffnete sich sein Bauch ein wenig und er saß da mit Kai und aß das Brot, das irgendwie nach allem auf einmal schmeckte, so als hätte Kai so ziemlich alles, was er im Kühlschrank vorgefunden hatte zugleich irgendwie höchst geschickt alles miteinander zwischen die dicken Brotscheiben gepackt. Woran es lag konnte er nicht sagen, doch wenn er in Kais Nähe war, fühlte er sich irgendwie verstanden. Kai schien es genauso zu gehen. Es war noch nicht einmal nötig das sie sprachen.

Und deswegen waren sie einfach nur da, jeder für sich und doch zusammen.

Kai konnte ganz lange ruhig dasitzen und an einem Grashalm kauen oder auf dem Rücken liegend den Himmel und die langsam vorbeiziehenden Wolken beobachten.

Lukas fühlte sich gut in seiner Nähe, besonders wenn es so still war, dass man die Geräusche des Waldes noch aus der Ferne erahnen konnte.

Manchmal jedoch war Kai wütend. Er trat dann schreiend und tobend, außer sich, gegen den Steinbrunnen und sah dabei ziemlich gefährlich aus, aber Lukas machte das nichts aus. Er fand es sogar gut, weil Kai sich damit wieder etwas Luft verschaffen konnte. Immerhin kannte er das von sich selbst auch schon. Manchmal fühlte er auch eine große Wut in sich aufsteigen. Die Wut darüber, dass seine Schwester und sein Vater nicht mehr da waren.

Die Wut darüber, dass sie einfach so gestorben waren bei einem Autounfall, der einfach niemals hätte passieren dürfen. Die Wut darüber, dass er selbst heute noch nicht gerne in einem Auto mitfuhr oder in einem Bus. Somit fragte er Kai also noch nicht einmal, warum er das tat, warum er denn überhaupt so wütend war. Irgendwie konnte er es sich ja ohnehin leicht selbst denken. Die ganze schwierige Sache mit seiner Mutter Heidi steckte da sicherlich auch mit dahinter.

Die Leute hatten wirklich ziemlich viel und mies über Kais Familie geredet und getrascht, nachdem seine Mutter damals einfach nach Holland gegangen war, und das ohne ihren Mann und ohne Kai. In dieser Zeit hatte Kai jeden gehasst.

Lukas konnte sich noch gut daran erinnern. Sogar gegen Lukas selbst hatte Kai etwas gehabt. Das zu vergessen war Lukas nicht möglich.

Doch er war ihm deswegen nun nicht mehr böse.

Na ja, denn immerhin hätte Kai, selbst in seinen schlimmsten Phasen, zumindest seiner Katze nie etwas angetan. Auch Tiffy, dem Hamster nicht. Das war etwas, das Lukas mit Kai verband. Niemals hätte einer von ihnen einem Tier auch nur ein Haar gekrümmt. Und es war etwas, das Kai auch bei anderen nicht ertragen konnte. Überhaupt, wenn man Kai näher kannte verstand man sofort, dass es doch so Einiges gab, das ihm etwas ausmachte.

Er wirkte nur nach außen hin so wild. Anders ist es auch nicht zu erklären, dass er seine Mutter suchen wollte. Es gab da etwas, das derzeit nur er und Kai wussten. Wie ein Schatten war dieses Geheimnis, da er Geheimnisse nicht so gerne hatte.

Vor allem nicht, wenn es dazu nötig war jemanden zu belügen. Jemanden wie seine Mutter, die noch immer nicht wusste, dass er und Kai eine heimliche

Reise nach Holland unternommen hatten. Und dennoch erinnerte sich Lukas gerne daran, weil er mit Kai auf dieser Reise gelernt hatte stärker als seine Ängste zu sein. Zumindest die meiste Zeit, aber mehr kann man ja eigentlich nicht erwarten.

Vor allem aber hatte es ihre Freundschaft gefestigt, und die Zeit, welche sie nun miteinander verbrachte, erschien nun noch wertvoller als zuvor. Leider bekam Kai oft Ärger, weil er so verrückte Sachen machte. Dabei meinte er es überhaupt nicht so. Er war einfach neugierig und wollte den Dingen auf den Grund gehen. Einmal hatte er die Überreste vom Weihnachtsessen, einer riesigen Gans, vergraben, weil er Fossilien haben wollte. Leider ist daraus nie etwas geworden. Zwar hatte Kai jeden einzelnen Tag nachgesehen... Es hatten sich, soviel sei verraten, allerdings keinerlei Fossilien gebildet. Ein anderes Mal hatte er bei Frau Kirchberger, der Lehrerin, die Hauswand mit faulen Eiern verziert. Agathe, einer netten alten Frau, die am Waldrand wohnte, leere Puddingschälchen von oben in das Klavier gesteckt. Er hatte ihre Handtasche vergraben, was ziemlich boshaft klang, doch das war es nicht. Kai dachte sich bei all diesen Dingen nichts. Sie erschienen einfach als Idee in seinem Kopf, und er musste sie sofort umsetzen. Kai wusste sogar wie man Marmelade kochte, und er war anständig genug Agathe etwas davon vorbeizubringen – zur Wiedergutmachung wegen der Tasche und den Puddingschälchen. Also manchmal kam es Lukas so vor als gäbe es nichts, das Kai nicht konnte. Er plante nächtliche Expeditionen und einigermaßen gefährliche Unternehmungen.

Jede Minute mit ihm war absolut spannend und unverwechselbar. Lukas wiederum zeigte ihm, dass sein Vater gar nicht so nervig war wie Kai gedacht hatte. Irgendwie war es einfach für beide ein Gewinn sich als Freunde zu haben; andererseits ist das ja meistens so Direkt hinter der Schule befand sich eine Höhle, vermutlich war es ein Schacht, der vor Jahren ausgehoben wurde, und den jetzt niemand mehr brauchte. Die Pausen verbrachten sie überwiegend in diesem düsteren Schacht, und Kai erzählte von einem geheimnisvollen Mann, der seit über 88 Jahren in diesem Schacht sein Unwesen trieb. Vermutlich hatte sich Kai auch hier wieder einmal verzählt. 88 Jahre! Doch gruselig klang es schon – und spannend, so wie fast alles, was Kai erzählte. Am liebsten wäre er nun rund um die Uhr mit Kai zusammen gewesen, um mit ihm gemeinsam das Phantom des Schachts aufzuspüren und unschädlich zu machen. Kai hatte sich hierfür schon einen detaillierten, unübertreffbar-genialen Schlachtplan überlegt.

Den Schacht selbst hatten sie im Eingangsbereich schon ein paarmal unter die Lupe genommen. Gleich zu Beginn des Schachts befand sich eine düstere Fledermaushöhle, in der sie sich besonders ruhig verhalten hatten, um all die Fledermäuse nicht zu stören. Hinter der Haupthöhle befand sich ein Gang, der, da war sich Kai sicher, direkt zum Hauptquartier des Mannes führte. Die Dunkelheit begann Lukas zu bedrücken, auch der Geruch der Fledermäuse in der Höhle machte es nicht gerade besser.

Er stellte sich Mia vor. Mia, die auf einer Schaukel saß und damit so hoch hinausflog, als würden ihre Zehenspitzen die höchsten Baumkronen erreichen. „Mann, was ist mit dir los?" „Konzentrier dich!", zischte Kai. Lukas riss sich zusammen und schob das Bild mit Mia von sich weg.

Es wurde wieder ziemlich dunkel und etwas beklemmend. Kai schien das nicht zu stören.

Er hatte seine Taschenlampe dabei und war fest entschlossen den alten Mann aufzuspüren. „Sag mal", meinte Lukas, „nur so aus Interesse..." Er zögerte. „Ja?" Kai sah etwas genervt aus. Trotzdem fragte Lukas weiter: „Wenn wir ihn dann erwischt haben...was willst du dann eigentlich machen?" Ein Blick in Kais ratloses Gesicht und Lukas wusste, dass das wohl noch nicht soweit in ihm ausgereift war. Offenbar wollte er den Mann erwischen, überraschen und stellen, möglicherweise laut etwas schreien, um ihn auch richtig zu erschrecken, doch was danach kommen sollte, darüber hatte Kai offenbar noch nicht einmal eine Sekunde nachgedacht. Das holte er jetzt intensiv nach. Mit einem brütenden Gesichtsausdruck ließ er sich auf den steinigen Boden nieder und leuchtete sich selbst von unten mit der Taschenlampe an. „Hmm. Schwierig." „Ja, oder?" Lukas wusste nun auch nicht

weiter. „Ich meine, der wird ja sicherlich nicht gerade begeistert darüber sein, dass wir ihn jetzt in seinem tollen Versteck aufstöbern, in dem er seit mindestens 88 Jahren eisern ausharrt." Kai nickte schuldbewusst. „Und überleg mal: 88 Jahre". Wenn er da als junger Mann reingegangen ist, dann muss er jetzt weit über hundert sein. „Vielleicht ist er ja auch gar kein echter Mensch", wisperte Kai heiser. „Wer weiß, am Ende stellt sich noch heraus, dass er sich nur von lebendigen Fledermäusen ernährt".
Lukas schüttelte sich. „Oder aber er ist ihr heiliger Anführer". Kai grinste.
Er hatte sich offenbar wieder gefangen. Auch Lukas war ruhiger. Seine Neugier war jetzt stärker als alles andere. Er wollte unbedingt wissen wer dieser Mann war. Lebte er wirklich schon so lange in den Katakomben hinter dem Eingang, den sich die Fledermäuse als Brutstätte gesucht hatten? Der Gang war nicht schmal. Sie beide würden locker hindurchpassen, und wenn sie den Alten erst gestellt hätten…Allerdings kam es nicht so weit. Etwas oder jemand Anderes durchkreuzte ihre Pläne. Anfangs war Lukas daher auch absolut nicht begeistert, als ihm beim Frühstück eröffnet wurde, dass *Sam*, der Sohn von Moms Freundin Renate, gleich für ein paar Wochen zu Besuch kommen

würde. Für Kai würde dann wohl nicht mehr besonders viel Zeit bleiben. Und gerade jetzt, wo er so gerne mit ihm nach dem rätselhaften Phantom gesucht hätte und seinem Treiben auf die Spur gekommen wäre. Nach 88 Jahren wäre es sicherlich nicht so ganz einfach gewesen, ihm gerade so das Handwerk zu legen. Doch auf den Versuch zumindest hätte Lukas es durchaus ankommen lassen. Aber nun kam das mit Sam dazwischen. Lukas verdrehte die Augen. Auch das noch! Immer dann, wenn es überhaupt nicht passte! Und das bei Kais ausgefeiltem Plan, der ihnen das Phantom mit Sicherheit in eine Falle geführt hätte. Er und Kai wären die gefeierten Phantom-Jäger gewesen, daraus wurde jetzt nichts – wegen Sam.

Zudem war Sam erst fünf und somit wirklich keine Herausforderung für jemanden, der ja nun schon beinahe 13 Jahre alt war, so wie Lukas. Aber das war noch nicht alles. Mom versuchte es ihm zu erklären. Sie wollte das Wort *„behindert"* ganz offenbar vermeiden, erzählte etwas von Sonnenkindern, von einem Down-Syndrom und davon, dass Sam die Welt eben anders sehen würde als Menschen ohne diese spezielle Trisomie, das war der medizinische Name, dass das aber kein Grund wäre ihn auszulachen.

Lukas verstand kaum was sie meinte, nur den letzten Satz, fand er, hätte sie sich sparen können. Ausgelacht werden – das war etwas, was er gut kannte.

Die meisten die andere auslachten, fand er, lachten ohnehin nur über ihre eigene Blödheit. Allein schon deshalb wäre ihm nie in den Sinn gekommen irgend - jemanden auszulachen – das kam einfach überhaupt gar nicht in Frage. Niemals.

Und ganz egal ob dieser Sam wunderlich auf ihn wirken würde oder nicht: Mom sollte ihn gut genug kennen, um zu wissen, dass er diesen Jungen, der im Grunde ja schon vom Alter her sozusagen noch fast ein Baby war, niemals von oben herab behandeln oder gar auslachen würde.

Lukas sah also zu Mom hin und fragte:

„Wirklich?"- Das sagte er mit Absicht ganz lang gedehnt, so dass sie merken sollte, dass es einfach Dinge gab, die man ihm, Lukas, nicht zu sagen brauchte.

Mom schnitt ihre Brötchen auf und bestrich sie umständlich mit allem, was so auf dem Esstisch herumstand. Schließlich kaute sie, eindeutig erleichtert darüber, dass sie nun endlich eine Rechtfertigung dafür hatte nichts mehr erklären zu müssen. Mit vollem Mund sprach sie nämlich nie, und so kaute sie und kaute, während Lukas darüber nachdachte wo Sam wohl schlafen würde. Plötzlich erschien es ihm angemessen vorzuschlagen, dass Sam am besten bei ihm, in seinem Zimmer übernachten könnte. Mom hörte auf zu kauen. Sie freute sich, das sah man ihr an.

„Ja, echt tolle Idee", meinte sie dann, ausnahmsweise mit vollem Mund, und ihre grünen Augen leuchteten. *„Schon klar, dass sie sich freut"*, dachte Lukas. *„Ist ja auch nicht gerade selbstverständlich."* Und es stimmte. Immerhin hätte Sam auch auf dem Sofa schlafen können, aber dann hätte Lukas ihm nicht Gerda zeigen können.

Lukas hatte einfach so eine Idee, dass Gerda Sam helfen könnte, wenn er mal Heimweh oder so etwas in der Art bekäme. Immerhin war er ja erst fünf und dann gleich für paar Wochen bei Menschen, die er nicht kannte. Mom kannte er vielleicht noch ein wenig. Sie war ab und zu mal bei ihren Freundinnen.

Gesehen hatte er sie zumindest also wohl schon – aber trotzdem. Lukas war sich gar nicht so sicher ob Sam das gut verkraften würde. Daher, fand er, könnte es nicht schaden, wenn er ihm wenigstens Gerda mit ihren nächtlichen Flügen ums Haus zeigen könnte. Ein paar Tage blieben noch bis zu seinem Besuch. Tage, die Lukas überwiegend mit Kai verbrachte, für den er, so sah es zumindest aus, dann erst einmal keine Zeit mehr haben würde. Sie fuhren mit den Rädern bis zur Ruine am See hinaus. Dort konnte man zelten, am Lagerfeuer sitzen oder auf der Ruine herumklettern.

Man konnte baden, und überhaupt war die Zeit immer viel zu schnell vorbei. Trotz all der Abwechslung mit Kai ging etwas Lukas nicht aus dem Kopf: Das Grab von Katha und seinem Vater

Allein schon die Vorstellung davon schaffte es ihm oft genug den Schlaf zu rauben. Wie ein großer Schatten saß diese Angst in manchen Nächten auf seiner Brust, größer noch als die Schatten, die Stachel damals mit ihm vertrieben hatte. Im Grunde hatte er also genug mit sich selbst zu tun. Und nun kam da dieser Junge. Schließlich war es dann soweit. Der Tag, an dem Sam ankommen sollte, war nicht mehr weit entfernt, so dass Lukas jede Minute nutzen wollte und oft erst abends nachhause kam. Dann war es soweit.

Mamas Freundin Renate kam mit Sam bei ihnen vorbei und lud ihn mit Sack und Pack ab. Sie musste für ein paar Wochen zur Kur, und sein Vater war als Ingenieur in Afrika, so dass Renate für ihren Sohn nur noch Mom eingefallen war.

Lukas musste an Mamas erste Beschreibung von Sam denken. *„Sonnenkind"*, hatte sie gesagt. Und das schien wirklich ganz gut zu passen. Sam sah in der Tat aus wie eine lachende kleine Sonne. Selbst als seine Mutter wieder wegfuhr, strahlte er weiter vor sich hin und versuchte die Katze zu fangen, um sie ein wenig zu streicheln.

Wer Lukas´ Katze jedoch kennt weiß, dass das nicht möglich ist, wenn sie sich in den Kopf gesetzt hat, dass das nicht möglich sein sollte.

Und so schaffte Sam es nur einmal ganz kurz ihren Katzenschwanz zu berühren, dann war sie aber auch schon über alle Berge.

Doch nicht einmal damit ließ sich Sams unbeeindruckt gute Laune eintrüben. *„Kaaaaatze"*, schrie er fröhlich und laut vor sich hin. *„Kaaaatze!"* Das brachte Lukas sofort auf eine Idee. Es gab da immerhin eine Katze, die nicht so stur war wie seine eigene: Emily, die Katze von Kai. Wie immer, wenn es um Tiere ging, hatte sich Lukas nicht geirrt. Emily und Sam verstanden sich auf Anhieb.

„Kaaatze" brüllte Sam fröhlich, während Emily ihm schnurrend um die Beine strich. *„Was ist denn das für ein Vogel?"* wollte Kai wissen. *„Das ist kein Vogel, das ist Sam!"*. Lukas wollte nichts auf seinen kleinen Gast kommen lassen.

Zwar konnte es im Grunde keine Beleidigung sein als Vogel bezeichnet zu werden – schließlich liebte Lukas gerade Vögel ganz besonders, doch in diesem Zusammenhang schien es ihm dennoch nicht angebracht zu sein. Kai merkte, dass er es mit der Frage übertrieben hatte.

Er wollte wohl zum Ausgleich besonders freundlich sein, hob Emily vorsichtig hoch und gab sie Sam, der sie begeistert auf dem Arm hielt und lachte. Die Katze blieb ganz ruhig und schnurrte. Offenbar hatten sich hier gerade zwei neue Freunde gefunden. Noch auf dem gesamten Weg zurück wollte Sam alles über Emily wissen, und zuhause malte er ein Bild von ihr. Lukas hängte es an den Kühlschrank. Sam betrachtete es zufrieden und war noch immer von so anhaltender Begeisterung erfüllt, dass es direkt ansteckend wirkte. Mama wirkte viel heller und fröhlicher als sonst, und auch Lukas konnte nicht anders als zuzugeben, dass es zu dritt, und besonders wenn dieser Dritte Sam war, schöner war. Er sprühte nur so vor guter Laune, während er mindestens drei Brezeln aß und dabei von Katzen erzählte und davon, dass allesamt Katzen seine Freunde seien, weil sie so ein schönes Fell hätten und spitze Ohren dazu. Mom hörte ihm ziemlich interessiert zu und verwickelte ihn in weitere

Gespräche. *„Wenn er erst Gerda sieht",* dachte sich Lukas und freute sich schon ein wenig auf Sams Gesicht. Diese Freude wuchs mit dem Abend. Schließlich konnte er es kaum noch erwarten. Als Mom Sam dann schließlich ins Bad brachte, und Lukas es sich auf der Matratze neben dem Bett gemütlich machen wollte, änderte sich Sams Stimmung mit einem Mal. Verzweifelt rief er nach seiner Mutter, und weder er noch Mama wussten, was sie machen sollten.

Glücklicherweise tauchte die Katze auf, die sich auch von Sams Weinen nicht hatte abhalten lassen, in Lukas´ Zimmer zu kommen.

Diesmal war sie gnädiger als noch am Morgen. Interessiert näherte sie sich Sam, der durch ihre Anwesenheit ruhiger wurde und sie – zwar noch durch einen Tränenschleier, aber sichtlich gefasster – musterte. Die Katze näherte sich seinem kleinen, runden Gesicht und stupste seine Nase ganz vorsichtig an.

Sofort verzog sich sein Gesicht wieder zu einem Lächeln, erst noch etwas misstrauisch, dann wieder strahlend. *„Kaaatze",* flüsterte er entzückt. Mama atmete erleichtert auf. *„Na, dann schlaft mal schön ihr beiden."* Sie zog die Tür an und blickte danach noch einmal in den Raum. *„Sam, wenn du etwas* *brauchst – rufe mich einfach, oder Lukas, o.k.?"* Sam kümmerte sich jedoch gar nicht um das, was sie sagte. Fasziniert betrachtete er die Katze, die sich mittlerweile am flauschigen Fußende des Bettes zusammengerollt hatte.

Offenbar stand ihr Entschluss hier bei Lukas und Sam zu übernachten fest, und Lukas dachte gar nicht daran sie davon abzubringen. Es dauerte nur wenige Minuten, und Sam schlief ebenso tief wie die Katze. Für einen Moment überlegte er sich, ob er ihn noch einmal wecken sollte. Gerda würde sicherlich bald am Haus vorbeifliegen. Doch als er ihn so friedlich schlafen sah, entschied er sich dagegen und schlich sich stattdessen alleine zum Fenster, von wo aus er ihren nächtlichen Flug ungestört betrachtete. Er würde Sam einfach am nächsten Tag damit überraschen.

Mit diesem Vorsatz schlief er schließlich ein. Am nächsten Morgen wurde Lukas unsanft geweckt. Sam kauerte neben seiner Matratze und fuchtelte mit den Armen. *„Katze ist weg!!!".*

Er war ganz außer sich. Der Platz am Fußende des Bettes, auf dem die Katze noch am Abend zuvor gelegen hatte, war leer. Nur der leichte Abdruck ihres Katzenkörpers auf der Decke verriet noch, dass sie dagewesen war.

Lukas setzte sich mit einem hektischen Ruck auf.

„Hallo Sam", murmelte er noch etwas verschlafen und dennoch auch wiederum wach. Immerhin konnte das recht schnell gehen mit dem Aufwachen, wenn ein fast wildgewordenes Kind mit fuchtelnden Armen am Morgen dafür sorgt, dass man ohne Vorwarnung aus dem Schlaf gerissen wird. *„Komm, wir gehen runter in die Küche und suchen sie."*

Sam nickte bereitwillig und folgte Lukas, der sich auf dem Weg nach unten suchend nach der Katze umsah. Seine Augen tasteten das Haus ab, doch von der Katze fehlte jede Spur. *„Ich glaube, dass sie gerade irgendwo frühstückt"*, versuchte Lukas ihn zu beruhigen.

„Wir können ja auch erst einmal frühstücken, und sie dann suchen. Okay?" Sam nickte ein wenig resigniert und seufzte, doch dann löffelte er mit großem Appetit die Cornflakes aus, die Lukas ihm gerichtet hatte.

Dabei sah er sich erwartungsvoll nach der Katze um. Noch immer war sie nirgends zu sehen. Das war typisch für sie, morgens ging sie gern auf die Pirsch. *„Wenn ich ihm wenigstens Stachel, den tollsten Igel überhaupt, zeigen könnte"*, dachte sich Lukas. Doch auch der zeigte sich nicht.

Dafür kam aber Mom sehr gut gelaunt die Treppe herunter.

„Hört mal, ihr zwei", sagte sie, *„wir machen heute einen Ausflug mit dem Zug!"* Lukas konnte sich schon denken wo sie hinwollte. Es gab in der Nähe einen Freizeitpark mit einem Tiergehege, und er war schon früher mit ihr diese Strecke dorthin mit dem Zug gefahren. Einmal sogar noch mit Papa und mit Katha.

Es gab dort Fischotter, Ziegen, Esel, Schafe, Enten, einen Pfau, einen Auerochsen und mehrere kleine Pferde. Die gesamte Strecke war gerade bei Kindern besonders beliebt, da man durch nicht weniger als 17 Tunnel fuhr.

Gut, es gab auch andere, abweichende Meinungen darüber, das musste Lukas zugeben.

Kai hatte nämlich fest behauptet, dass es mindestens über 30 Tunnel seien, doch wenn es um Zahlen ging, durfte man sich nicht gerade auf ihn verlassen. Kai Stärken lagen auf anderen Gebieten.

Es waren, daran gab es nichts zu rütteln, eindeutig 17 Stück. Lukas hatte das mehr als einmal überprüft, und heute würde er es also auch Sam beweisen können. Strahlend stieg dieser in den Zug – zu begeistert, um noch an die Katze denken zu können. Leider änderte sich dies schlagartig, als der

Zug den ersten Tunnel passierte. Sam begann zu weinen. *„Ich hab´ Angst im Tunnel"*, schluchzte er, während sein ganzer Körper zitterte. Er bot einen ganz und gar jämmerlichen Anblick.

Lukas hätte ihm so gerne geholfen, doch wusste er nicht wie.

Schließlich war er froh, als der Zug den ersten Tunnel endlich wieder verließ, und die Sonne tröstend durch die Zugfenster schien.

„Sind wir noch im Tunnel?" wollte Sam unsicher wissen.

„Nein", beruhigte Lukas ihn. *„Schau mal, es ist doch wieder hell draußen."*

„Gut", schniefte Sam und fügte hinzu:

„Ich hab nämlich Angst im Tunnel." Ganze 17 Mal musste Lukas ihm bestätigen, dass es wieder hell sei. Immer wieder war es die Sonne, die das Ende eines Tunnels anzeigte, und die warm durch die Fenster des Zuges schien. Sogar die Sitze wurden wärmer sobald die Sonne die Abteile durchstrahlte.

Insgeheim war Lukas froh, dass es 17 Tunnel waren und nicht, wie Kai das im tiefen Brustton der Überzeugung behauptet hatte, mindestens 30.

So oft hätte er es nicht durchgehalten Sam davon überzeugen zu wollen keine Angst mehr zu haben. Schließlich erreichten sie ihr Ziel. Sam stieg aus und strahlte als sei überhaupt nichts gewesen. Lukas hingegen fühlte sich erschöpft, und Mama hatte plötzlich deutliche Ränder unter den Augen.

Sam lief sofort zum Streichelzoo und war dort auf Anhieb in seinem Element. Lukas setzte sich erst einmal mit einem Eis auf eine Bank, um sich von der Zugfahrt zu erholen. Das tat gut! Von weitem beobachtete er Mama, die mit Sam bei den Tieren stand. Wie durch einen Zufall, der aber natürlich keiner sein konnte (da war sich Lukas sicher), entdeckte er etwas weiter hinten den Vater von Kai. Er tat offenbar alles um in Moms Nähe zu sein. Und dann dachte er auch noch, man würde ihn nicht sehen! Lukas verdrehte die Augen. Ein wenig genervt fühlte sich Lukas davon zwar schon; andererseits hatte er nichts gegen Kais Vater.

Der hatte nämlich, abgesehen von ihm selbst, das größte Tierauffanglager im gesamten Umkreis.
Immer wenn Kai über seinen Vater schimpfte, wies ihn Lukas darauf hin. Es war nämlich nicht gerade so, dass alle Erwachsenen so großzügig waren wie Kais Vater. Wirklich jedes Tier durfte Kai behalten, so wie damals die alte Katze, Tiffy den Hamster oder Räuber, den Hund. Aber auch verunglückte Vögel oder Waldtiere fanden bei ihm jederzeit eine

Herberge. Manchmal zwar nur vorübergehend - manchmal aber auch für immer. Und das war natürlich etwas, was Lukas gar nicht hoch genug einschätzen konnte. Also tat er einfach höflich so als hätte er Kais Vater nicht gesehen.

Er konzentrierte sich jetzt wieder auf Sam, seine Mutter und Frau Kirchberger.

Sie sah traurig aus, was Lukas merkwürdig vorkam, denn in der Schule war sie ganz anders, manchmal sogar viel zu streng. Doch wie sie nun auf dieser Bank saß, ganz in sich zusammengesunken, war es nicht einmal leicht gewesen zu bemerken wer sie war. Doch gab es für Lukas keinen Zweifel. Das war Frau Kirchberger. Ihm fielen die ganzen un-angenehmen Momente mit ihr ein. Sein Referat, das zur Katastrophe geworden war, weil sie ihn so blamiert und die Klasse gegen ihn aufgehetzt hatte.

Er wusste wirklich nicht, ob er jetzt ausgerechnet zu dieser boshaften Frau gehen sollte. Andererseits tat sie ihm leid. Er konnte nichts dagegen tun.

Vorsichtig begann er sie zu beobachten.

Obwohl Lukas etwas abseits saß, konnte er trotzdem feststellen, dass sie sich offenbar ebenfalls gerade wieder erholte. Frau Kirchberger bemerkte ihn nicht. In der Hand hielt sie gedankenverloren eine Tüte Tierfutter, die man am Eingang vor dem

Gehege kaufen konnte. Seit ein paar Wochen kam sie nicht mehr zur Schule. Das passierte häufiger, auch im vergangenen Jahr war sie lange von der Schule ferngeblieben. So ganz unrecht war er das allerdings nicht. Wenn er an das missglückte Referat bei ihr dachte, wollte er sich ohnehin am liebsten heimlich an ihr vorbeidrücken. Es dauerte aber nicht lange, und Mom sah sie auch.

Sie tauschten kurz Blicke aus. Lukas gab ihr mit einer angedeuteten Kopfbewegung zu verstehen, dass sie sich am besten verdrücken sollten. Mom hatte aber, wie immer, ihren eigenen Kopf und drehte sich in ihre Richtung.

Sie war wohl wieder ernsthaft krank, und als Lukas daran dachte wie schwach sie wirkte. während sie auf der Bank saß, wunderte es ihn nicht, dass sie krank war. In so einer grauenhaften Verfassung konnte sie sicherlich keine Kinder unterrichten. Sam war das absolute Gegenteil von ihr. Das blühende Leben, sozusagen. Wie gerne würde er anders sein, dachte sich Lukas. Vielleicht so wie Sam, oder so unerschrocken wie Mia und Kai. Dann würde er auch anders trauern können. Dann endlich würde es ihm gelingen das Grab von Katha und Papa zu besuchen. Warum konnte er nicht wie sie sein?

Ja, Sam hatte Angst vor den Tunneln. Tunnel, die ja auf eine Art auch Schatten waren. Doch dann weder war er vollkommen unbeschwert. Du Mia? Kai? Die trauten sich einfach alles! Manchmal hasste Lukas sich dafür, dass er vor den Dingen so viel Angst hatte, dafür, dass er manchmal geradezu zu verschwinden schien vor lauter Angst.

Sogar vor Frau Kirchberger hatte er Angst. Auch das noch!

Entsetzt bemerkte er, dass Mom nun in ihre Richtung lief! Auch das noch. Er schüttelte den Kopf und presste ein kaum hörbares „nein" hervor in der Hoffnung, dass sie sich noch umstimmen lassen würde. Aber es sah so aus als sei es dafür zu spät. Er kannte sie hierfür leider zu gut. Und tatsächlich…Ohne es mit Lukas abzusprechen ging sie zu ihr und setzte sich neben sie. Lukas konnte sehen wie sie sich miteinander unterhielten. Dann lachte Frau Kirchberger. Sie sprach mit Sam und konnte seinem Charme offenbar ebenfalls nicht widerstehen. „*Luki*", Mom winkte ihn zu sich her. „*Komm mal, hier ist deine Lehrerin.*" „*Na toll*", dachte sich Lukas. „*Und dann nennt sie mich auch noch Luki!*"

Er hatte wirklich keine Lust auch noch an seinem

freien Tag auf Frau Kirchberger zu treffen, obwohl es auch Zeiten gegeben hatte, in denen er gut mit ihr klargekommen war. Doch bei ihr konnte man nie so genau wissen, woran man war. Dann rief ihn auch noch Sam. *„Luuukiii, Mensch komm doch!"*. Also blieb ihm wohl nichts Anderes übrig.

„Guten Tag", murmelte er und bemühte sich darum einigermaßen höflich, zudem lässig und insgesamt gefasst zu wirken.
Komischerweise fiel es ihm gar nicht so schwer, wie er gedacht hatte, denn Frau Kirchberger sah heute ganz überraschend freundlich aus.

Es war auch keine Spur mehr von dem traurigen Eindruck, den sie noch vor ein paar Minuten auf ihn gemacht hatte. Offenbar hatte hier auch wieder Sams Strahlekraft gewirkt.

„Hör mal, Frau Kirchberger nimmt uns auf dem Rückweg mit dem Auto mit", sagte Mom fröhlich und flüsterte hinter Sams Rücken kaum hörbar zu Lukas hin *„Tunnel!!!"*
Ja, die wollte sie natürlich auf der Rückfahrt vermeiden. Das kam Lukas ebenfalls gelegen.
Somit würde wenigstens die Rückfahrt nicht auch noch in einer halben Katastrophe enden. *„Jetzt aber noch nicht nach Hause gehen – Ziegen, Schafe,*

schau mal wie viele, Mann!!!", rief Sam. Seine Stimme überschlug sich vor Freude.

„Nein, Sam", beruhigte ihn Frau Kirchberger. *„Wir fahren erst in ein paar Stunden."* Sam freute sich, und Lukas beschloss ihm ebenfalls ein Eis zu kaufen, bevor er ihn dann in das Ziegengehege begleitete. Es war verboten die Ziegen mit mitgebrachtem Futter zu füttern. Die meisten hielten sich daran, doch plötzlich sah Lukas wie eine Mutter ihrem Kind eine Tüte mit Brotstücken in die Hand gab. Bevor er noch etwas sagen konnte, hatte einer der Ziegenböcke sich die Tüte geschnappt und fraß die Brotstücke heraus.

Schließlich wollte er die Plastiktüte fressen.

Lukas war entsetzt. *„Nein"*, schrie er panisch, und dann passierte etwas ganz und gar Unvorhergesehenes. Sam hatte sich direkt neben den Bock gestellt und zog ihm die Tüte mit einem Ruck aus dem Maul. *„Weißt du was, Sam"*, Lukas Stimme zitterte noch vor Aufregung aber auch vor Stolz: *„Gerade hast du dem Tier hier vermutlich das Leben gerettet."* Vor Freude wurde Sam ganz rot.

Die Rückfahrt verlief ganz ohne Probleme, da man mit dem Auto durch keinen einzigen Tunnel fuhr. Die Fahrt dauerte zwar etwas länger, doch trotzdem kam sie allen kürzer vor. Sicherlich auch Sam, der nun nicht mehr vor jedem Tunnel Angst zu haben brauchte. Er war nun ganz und gar schläfrig und ruhig. Die Frauen unterhielten sich vorne im Auto, doch Lukas hörte nicht zu. Nur einmal als Mama Oma erwähnte, die auch bald käme um sich ebenfalls mit um Sam zu kümmern. Wieder dachte er daran wie er heute Abend Sam mit Gerda überraschen würde. Heute, da war er sich sicher, würde es klappen. Sam schlief tief und fest, so dass er nach der Fahrt wieder wach sein dürfte. Lukas stellte sich Sams Überraschung ganz genau vor.

Wenn man selbst noch nie eine Eule in der Nacht hat fliegen sehen, dann kann man sich gar nicht vorstellen wie schön das ist, wie beruhigend und überhaupt.

Lukas hingegen wusste es aber genau, und daher freute er sich so darauf es mit Sam zu teilen. Zunächst schien sein Plan auch aufzugehen.

Nach der Autofahrt krabbelte Sam aus dem Auto, und war, nachdem er die Katze vor dem Haus entdeckt hatte, wieder hellwach. *„Heute zeige ich dir etwas ganz Tolles"*, versprach Lukas ihm. Sam lachte über das ganze Gesicht. Beim Abendessen wich er der Katze nicht von der Seite – und sie ihm ebenso wenig. Mama erklärte ihm freundlich, dass er die Katze nicht mit Wurst füttern dürfte, nachdem sie ihn auf frischer Tat ertappte.

Da wurde Sam ganz rot, doch schließlich hielt er sich daran. Die Katze blieb trotzdem bei ihm.

Das mit dem Futter war ihr offenbar nicht so wichtig. Davon hatte sie ohnehin mehr als genug. Doch allein Sams Anwesenheit schien sie tatsächlich zu genießen.

Dann war es schließlich Zeit ins Bett zu gehen. *„Ich zeige dir eine echte Eule"*, verriet Lukas ihm sein Vorhaben nun feierlich. *„Sie heißt Gerda, und sie fliegt ganz wunderschön ums Haus!"* *„Eine...eine EULE?"* Sam begann sofort zu weinen. *„Mach den Rollladen runter, bitte schnell!":* Wieder zitterte er am ganzen Körper. Zu verdutzt, um noch nachdenken zu können, ließ Lukas den Rollladen automatisch herunter. Das Abendlicht drang jetzt nur noch durch ein paar winzig kleine Schlitze im Rollladen. *„Mach ihn ganz zu, mach ihn ganz zu"*, jammerte Sam. *„Wenn jetzt die Eule durch den Rollladenschlitz zu mir herein schaut?"* Er wirkte verzweifelt. Lukas wollte ihm helfen.

Immerhin war er ja doch erst nur fünf Jahre alt.

Da konnte einem so etwas schon einmal Angst machen.

Lukas ließ den Rollladen also vollständig herunter,

damit Sam sich wieder beruhigen konnte. Der begann nun aber erst recht zu brüllen- *„Es ist so dunkel wie im Tunnel"*, *„mach, dass es hell wird"*, schluchzte Sam.

Lukas drückte schnell auf den Lichtschalter. *„Jetzt ist es wieder hell, Sam"*, sagte er und bemühte sich dabei ruhig zu bleiben. *„Gut"*, sagte Sam. *„Danke, Lukas!"*

Dann lag er im hellerleuchteten Raum im Bett, die Katze zusammengerollt am Fußende und schlief in Sekundenschnelle ein. *„Komisch"*, dachte er sich noch. Lukas beobachtete den zufrieden schlafenden Sam nachdenklich.
„Bei dem Ziegenbock war er so vollkommen mutig. Wahrscheinlich weiß Sam ganz einfach noch nicht, dass er eigentlich mutig ist."
Auch in der nächsten Nacht musste Lukas schnell den Rollladen schließen und das Licht anlassen. Diesmal schlief Sam nicht sofort ein. *„Erzählst du mir noch einer Geschichte?"*, wollte er von Lukas wissen. Er erzählte ihm von Mia und davon, dass Mia vor überhaupt nichts Angst habe. Natürlich war das etwas übertrieben, doch Sam hörte ihm fasziniert zu. *„Hat diese Mia denn Angst vor*

Eulen?". Lukas schüttelte den Kopf. *„Und vor Tunneln?"* *„Nein, überhaupt gar nicht!"*. Lukas verneinte auch das. *„Aber wenn es dunkel ist, dann hat Mia doch Angst, oder?"* Lukas schüttelte den Kopf erneut.

Wieder wünschte er sich, er könne wie Mia sein- wie Mia, und nicht so blass und unbedeutend wie er sich zumeist fühlte. Das war wahrlich ein schönes Gefühl. Und Sam schien es ganz genau so zu sehen.

Sam wirkte nämlich außerordentlich beeindruckt. *„Früher hatte ich auch mehr Angst als heute"*, sagte Lukas, damit Sam sich nicht zu schmächtig vorkommen sollte. Sam sah ihn fragend an, und Lukas hatte plötzlich eine Idee. Vielleicht konnte er Sam damit etwas zeigen. *„Komm, wir machen Schattenspiele an der Wand!"*. Er bog die Lampe ein wenig zur Seite, so dass das Licht gute Schatten werfen konnte. Dann begann er damit mit seinen Händen Schattenfiguren zu bilden, die dann jeweils vergrößert an der Wand abgebildet wurden.

Er zeigte Sam einen Schattenhasen, einen Storch, einen Elefanten und eine Katze. Besonders die Katze gefiel Sam. *„Aber sie ist jetzt so groß"*, räumte er dann noch leise ein. *„Schau doch mal Sam"*, erklärte ihm Lukas, *„ich mach das alles nur mit meiner Hand."* Du musst keine Angst haben. *„Das* ist *keine große Katze. Es ist nur ein Schatten. Der Schatten meiner Hand. Siehst Du? Das sieht oft viel schlimmer aus als es ist. Wirklich, das ist oft so."* Sam nickte, doch Lukas war sich nicht sicher, ob er es wirklich verstanden hatte. *„Egal"*, dachte er sich. Das hatte noch Zeit. Manches brauchte eben seine Zeit. *„Sam wird schon noch begreifen was ich ihm sagen möchte." „Erzähl mir noch was von Mia"*, bat Sam.

„Klar", gab Lukas zurück. Da musste er nicht lange nachdenken. Von Mia gab es wirklich viel zu erzählen. Und während er noch erzählte, war Sam schon wieder eingeschlafen. *„Hoffentlich hat er vor Oma keine Angst"*, dachte Lukas noch, bevor er einschlief. Im Grunde war das kaum möglich, so nett wie Oma war. Und sie würde extra morgen anreisen, nur um auf Sam aufzupassen. Es wäre also sicherlich nicht gerade günstig, wenn er vor ihr davon laufen würde. Doch, soviel sei verraten: Das tat er nicht. Am kommenden Abend zeigte Lukas Sam wie das mit den Schattenbildern an der Wand funktionierte. Oma sah noch ein wenig zu, bevor sie wieder zu Mom hinunterging. Sam lernte es ganz schnell. Er war richtig begabt, fand Lukas. Oma fand das auch, und sie war wirklich kritisch was gute Schattenbilder betraf. Sam war ganz außer

sich vor Stolz. Er sah die Katze an, so als wolle er auch von ihr gelobt werden. Doch sie sah nur gelangweilt auf seine Hand, dann zur Wand und wieder zurück zur Wand. Schließlich leckte sie sich dann das Fell ohne die beiden auch nur noch eines Blickes zu würdigen.

„Siehst du", sagte er, *„das ist deine Hand hier". Du brauchst keine Angst vor irgendetwas haben, was da an der Wand ist. Auch nicht, wenn es groß ist."* Sam sagte nichts.

Er dachte lange nach. *„Vielleicht habe ich keine Angst mehr vor der Eule"*, sagte er dann. *„Soll ich den Rollladen hochziehen?"*, wollte Lukas wissen.

Er freute sich. Doch Sam antwortete: *„Nein, ich weiß nämlich noch echt nicht, ob ich Angst habe oder nicht."* Lukas sah ihn verwundert an. *„Du meinst vielleicht?"*, fragte er ihn dann nochmals. *„Ja. Vielleicht. Vielleicht. Vielleicht".*

Sam lachte, und dann konnte niemand außer der Katze mehr seine Aufmerksamkeit gewinnen.

„Was ist heute mit dem Vielleicht?", wollte Lukas am nächsten Morgen als erstes wissen. *„Vielleicht, vielleicht...."* Den ganzen Tag über behielt er dieses *„Vielleicht"* bei – bis hin zum Abend. Mit seinem großen Kissen in der Hand hüpfte Sam nach dem Abendessen übermütig auf dem Bett auf und ab und

rief. *„Vielleicht-jaaaaa!"*

Dann sah er zum Rollladen hin, den Lukas vorsorglich bereits geschlossen hatte.

Ein ungewisses *„Vielleicht"* war schließlich kein *„Ja"*. Doch Sam schien sich tatsächlich entschieden zu haben. *„Hochmachen, jetzt, okay?"* *„Na klar!"* Lukas zog ihn ein kleines Stückchen nach oben.

„Kann die Eule mich jetzt denn durch die Schlitze sehen?", wollte Sam wissen. *„Nein, kann sie nicht",* antwortete Lukas ihm. Dann fuhr er fort: *„Aber du kannst sie auch nicht sehen, oder?"*

Sam schüttelte den Kopf. *„Glaub mir: Das ist schade! Du verpasst was!"* Man konnte direkt sehen, wie es in Sams Kopf ratterte. *„Willst du sie denn gern sehen?"* *„Vielleicht-jaaaaa!"* Sam nickte lachend und Lukas zog den Rollladen nun mit einem Ruck nach oben. Neugierig drückte Sam seine Nase am Fenster platt. Neben ihm stand Lukas, und plötzlich entfuhr Sam ein Schrei der Begeisterung: *„Die Eule, die Eule!".* Ja, da war sie: Gerda. Lukas und Sam sahen ihr an diesem Abend lange zu.

Bevor Sam einschlief, musste Lukas ihm wieder eine Geschichte erzählen. Von Stachel, dem Igel, erzählte er, von Kieran, dem Raben, von Horst, dem Eber, und von all den anderen.

Schon ein wenig schläfrig wollte Sam wissen:

„*Meinst du ich werde die alle auch mal kennen-lernen?*" „*Bestimmt*", sagte Lukas. Und er behielt Recht. In den nächsten Wochen verlor Sam nicht nur seine Angst vor Eulen und vor der Dunkelheit, sondern auch seine Angst vor den Tunneln. An seinem letzten Tag fuhren sie alle noch einmal in den Tierpark. Kein einziger der 17 Tunnel konnte Sam noch ängstigen. Auch auf dem Rückweg nicht. Und zusammengerechnet waren es ja dann doch – so wie Kai das gesagt hatte - mindestens über 30.

Der Abschied von Sam fiel Lukas nicht leicht. Alle standen vor der Tür um ihm nachzuwinken, Mama, Oma und Lukas.

Sogar Kai war mit seinem Vater gekommen, und Mama und er warfen sich verstohlene Blicke zu. Das konnte Lukas jetzt gar nicht gebrauchen, obwohl er sich doch auch ein ganz klein wenig für Mama freute. Immerhin war sie offenbar nicht mehr allein. Das war gut.

In der ersten Nacht, in der das Bett von Sam leer war, saß Lukas besonders lang am Fenster. Er dachte an en letzten Abend, an dem er mit Sam und einem Luftballon auf der Wiese gesessen hatte, bis die Sonne untergegangen war. Gerda zog ihre Runden wie immer, und Lukas grübelte über das Leben nach. Selbst am nächsten Tag noch, als er längst schon gefrühstückt hatte, grübelte es in ihm weiter. Ein schriller Pfiff riss ihn schließlich aus seinen Gedanken: *„Hey, Lukas!"* Es war Kai.

Er grinste mit einer riesigen Zahnlücke zwischen den Vorderzähnen in seine Richtung. Lukas freute sich ihn zu sehen. Gemeinsam gingen sie ihren Weg durch den Wald zur Schule hin, und er erzählte ihm noch ein wenig von Sam. Frau Kirchberger, die Klassenlehrerin, war noch immer krank geschrieben.

Es ging ihr hin und wieder einmal schlecht. Lukas hatte damit begonnen sie zu besuchen.

Und das wollte er auch heute nach der Schule machen. Kai erzählte er das aber nicht. Er wusste nicht wie Kai darauf reagieren würde. Von ihm ausgelacht werden wollte er nicht. Auch wollte er nicht solche Worte wie *„Streber"* hören. Also ging er heimlich zu ihr. Er erzählte ihr dort von den Waldtieren, von Ruby, dem kleinen Raben und davon, dass bei seinem Tod all die anderen Raben im Wald für ihn gekrächzt hatten.

Frau Kirchberger mochte diese eine Geschichte mittlerweile ganz besonders. Anfangs hatte sie ihm nicht geglaubt, weil man sich das so schlecht vorstellen kann, nach all dem, was so über Raben gesagt wird.

Doch schließlich glaubte sie ihm, und sie begann seine Erzählungen zu lieben. Lukas erzählte ihr nicht nur von Ruby. Er erzählte ihr auch von Kieran, dem Raben und von seinem Bruder Krakan. Wie sie auf den Bäumen ausharrten, und wie auch Herbststürme und fallende Blätter sie nicht hatten davon abbringen können. Von Korax erzählte er, dem ältesten Raben und von Kiara, Kierans Schwester. Er erzählte von ihren Flugkunststücken und Sturzflügen, von dem Glanz ihrer Federn und von ihrer Klugheit. Sie hörte ihm zu, das spürte er. Ihre Gedanken waren ganz und gar bei dem was er ihr von den Raben erzählte. Es schien ihr zu gefallen.

Lukas hingegen fand ihre Wohnung interessant – so wie sie seine Geschichten. Überall an den Wänden im Flur hingen Bilder von Bergen, von Berggipfeln, die einander so glichen, dass Lukas kaum sagen konnte ob die Bilder viele unterschiedliche Gipfel zeigten, oder ob es nur ein einziger war, den man aus vielen unterschiedlichen Blickwinkeln heraus abgebildet hatte.

Frau Kirchbergers Schuhe standen ordentlich und der Größe nach geordnet den Flur entlang. Die größten waren Wanderschuhe und standen ganz vorne. Nach hinten hin wurden sie zierlich und weniger klobig. Ganz am äußersten Ende standen elegante schwarze Abendschuhe, und irgendwo in der Mitte fand Lukas die Schuhe wieder, die sie schon das ganze Schuljahr über während des Unterrichts getragen hatte. Wirklich viele Schuhe waren da im Flur – und viele Berge auf all den Bildern, die den Flur entlang gruppiert bis hin zur Küche hingen.

Mittlerweile hatte sie sich schon daran gewöhnt, dass er ab und zu ihr Gast war. So ganz konnte sie die Rolle der Lehrerin auch zuhause nicht abstreifen, doch das störte Lukas nicht. Vor allem nicht seit er wusste, dass sie manchmal auch Angst hatte.

Vor ganz vielen Dingen. Ab und zu auch vor der Schule, was für eine Lehrerin natürlich ungünstig war. Sie hatte ihm all das erzählt, ausgerechnet ihm, Lukas. Das machte ihn stolz. Für einen Moment vergaß er, dass er lieber wie Kai oder Mia sein wollte.

Manchmal jedoch dachte er, dass ein Freund wie Stachel eine bessere Hilfe für Frau Kirchberger sei könnte. Lukas dachte an die namenlosen und zahlreichen Erwachsenen, die ihn noch vor der Begegnung mit Stachel in solch große Furcht versetzt hatten.

Auch wenn das, was Frau Kirchberger da von sich gegeben hatte, irgendwie merkwürdig klang, da sie ja schließlich eine Erwachsene war: Lukas wusste mit einem Mal genau, was sie meinte wenn sie von ihrer Angst vor der Schule, sogar vor den Kindern erzählte. *„Ich sollte dir das nicht erzählen, Lukas"*, meinte sie noch ganz erschöpft. *„Ist doch nicht schlimm"*, beruhigte er sie, und nun fühlte fast er sich wie der Lehrer. Alles war plötzlich ein wenig auf den Kopf gestellt, eigentlich sogar mehr als nur ein wenig. Er verstand, dass ihre Angst vor den Kindern in der Schule ebenso groß gewesen sein musste wie die seine vor Erwachsenen.

Und vielleicht hatte sie auch nicht ganz Unrecht damit.

Aus eigener Erfahrung wusste er immerhin wie gemein und hinterhältig auch Kinder sein konnten.

Darin unterschieden sie sich nicht unbedingt von Erwachsenen.

Vor allem dann nicht, wenn man sie nicht näher kannte und sie einem selbst wiederum misstrauten.

Oder wenn sie einfach nur einen Weg suchten etwas, das sie ärgerte, an jemanden herauszulassen der dem nichts entgegenzusetzen wusste.

Obwohl sie sich für ihn nur wie Mäuse anhörten so war ihm doch bewusst, dass selbst Mäuse, wenn sie ihre Schatten nur geschickt platzierten, aussehen konnten wie gefährliche Raubtiere.

Und dann begann Frau Kirchberger plötzlich etwas zu erzählen. Es war etwas von einem alten Philosophen aus Griechenland, eine Geschichte, die *„das Höhlengleichnis"* genannt wurde. Dort ging es darum, dass Menschen in einer Höhle gefangen waren, so dass sie keine anderen Menschen und nichts von dem Leben draußen sehen konnten. Nur die Schatten dieser Menschen sahen sie, und diese Schatten hielten sie für die Wirklichkeit. *„Ein wenig"*, sagte sie, *„hat das auch was mit dir und Stachel zu tun, oder auch damit, dass hinter dem, was wir sehen, noch viel mehr ist."*
Lukas nickte. Da war was dran. Manchmal war es ihm ein wenig komisch vorgekommen, dass er diese Geräusche gehört hatte.

Die Geräusche, welche immer für die jeweilige Person standen.

An die zottige Katze dachte er, an den Frosch und an den alten Esel.

Er dachte auch an den Schwarm gereizter Wespen und daran, dass, so gut ihm das auch gefallen hatte, es doch ziemlich verwirrend gewesen war.

Doch nun passte es irgendwie wieder besser zusammen. Durch Stachel war er ein klein wenig aus der Höhle getreten.

Und durch Gerda war er in seinem Bild geblieben. Er hatte ein wenig mehr gesehen als die Schatten. Und durch den Schattenwald hindurch war der echte Wald, das echte Leben aufgeblitzt. Er hatte es gesehen.

Frau Kirchberger auch, das sah er ihr nun deutlich an.

Und er hörte es. *„Hör mal bitte, Lukas"*, sagte sie schließlich. *„Ich war nicht fair zu dir – und dabei bist du wirklich keine Plage – im Gegenteil. Entschuldige bitte!"*

Sie lächelte ein wenig, doch dann wurde sie wieder ernst.

„Ich weiß, dass Dein Vater gestorben ist, und auch deine Schwester." Lukas sagte nichts, und sie fuhr fort. *„Ich habe vor langer Zeit etwas ganz Ähnliches erlebt."* Mit dem Kopf nickte sie in Richtung Flur hinaus, dorthin, wo die Bilder der Berge hingen.

„Da hat das mit dem Klettern angefangen. Das war das Einzige, das mir damals geholfen hat. Die Berge haben mir geholfen." Damit konnte Lukas etwas anfangen. Bei ihm war es der Wald mit seinen Tieren – doch Berge konnten sicherlich ebenso helfen. Wenn sie das sagte. *„Weißt Du, Lukas"*, ergänzte sie, zu der Zeit habe ich eine Karte geschenkt bekommen.

Auf der stand ein Spruch, ebenfalls von einem großen griechischen Philosophen.

Diesmal war es nicht Platon, es war ein Denker der Sokrates hieß.

Und dieser Sokrates sagte: *Niemand kennt den Tod, es weiß auch keiner, ob er nicht das größte Geschenk für den Menschen ist. Dennoch wird er gefürchtet, als wäre es gewiss, dass er das schlimmste aller Übel sei.*" Dann zögerte sie ein wenig.

„Ich weiß nicht", meinte sie schließlich. „*Zu der Zeit habe ich viele Sprüche zu lesen und zu hören bekommen. Mit den allermeisten konnte ich nichts anfangen, auch mit den allermeisten Menschen plötzlich nicht mehr. Vielleicht weißt Du, was ich meine…"* Lukas nickte. Das wusste er, in der Tat, ganz genau. Das meiste, das nach dem Tod seiner halben Familie zu ihm gesagt wurde, war ihm wie gänzlich blödes Zeug vorgekommen. Doch das mit Sokrates und auch das mit Platon….er hatte das unbestimmte Gefühl, dass da etwas dahintersteckte, etwas das wirklich so etwas wie eine kleine Hilfe sein könnte. Es war nur ein Gefühl, aber Lukas wusste ja bereits, dass Gefühle sogar gehört werden konnten. Stachel hatte ihm das damals beigebracht. Also hörte er auf dieses Gefühl.

„*Ja"*, sagte er nur. „*Ich glaube, dass es den beiden jetzt gut geht.*"

Frau Kirchberger sah ihn sehr konzentriert an und meinte dann: *„Manchmal ist der, den ich verloren habe bei mir."*

Es klang ganz selbstverständlich wie sie das sagte, und Lukas wusste, dass er nicht von sich berichten musste.

Sie wusste ohnehin schon, dass das bei ihm gar nicht anders sein würde, gar nicht anders sein *konnte.* Wie gut, dass er es geschafft hatte hierher zu kommen, sie zu besuchen. Alle Anspannung war nun komplett von ihm gewichen. Zufrieden trank er den letzten Rest seines Wassers aus. *„Ich muss jetzt wieder gehen",* sagte er endlich.

Frau Kirchberger brachte ihn zur Tür, und seine eigenen Schritte hallten ihm im Treppenhaus nach. Sicherlich gab es auch hinter diesen Schatten noch viel, viel mehr. So wie das ebenso ist bei Schatten. Als er sein Rad aufschloss, sah er noch einmal zum Fenster ihrer Wohnung hinauf. Dort stand sie und sah völlig anders aus als vor seiner ersten Begegnung. Auf eine Art anders, die er nicht beschreiben konnte. Doch während er so von ihr wegfuhr, wusste er, dass es eine richtig gute Idee gewesen war sie immer einmal wieder zu besuchen.

Noch mehr Angst war von ihm gewichen wie etwas, was er nun nicht mehr brauchte. Seit langer Zeit hatte er sich nicht mehr so gänzlich unerschrocken gefühlt wie in diesem Augenblick. Es war mit einem Mal so, als gäbe es nichts, das ihm etwas hätte anhaben können.

Vielmehr erschien es ihm so, als stünde das, was er jetzt im Begriff war zu tun, unter einem guten Vorzeichen.

Erklären konnte er sich das nicht, aber auf einmal schlug er den Weg zum Friedhof ein. Mit dem Rad war es gar nicht einmal so weit.

Das Grab hätte er selbst mit geschlossenen Augen gefunden. Es befand sich hinter dem ersten Gang des Haupteinganges, direkt unter einer Kiefer.

Doch kam es gar nicht in Frage heute, an diesem Tag die Augen zu schließen.

Ruhig war es an diesem Nachmittag, an dem Lukas nun an diesem so friedlichen Ort stand. Ihre Namen standen auf dem Grabstein, und doch wusste er plötzlich, dass dieser Grabstein auch nur ein Schatten war.

Ein Denkmal war es. Nichts weiter.

Schön geschmückt war es, und eine Kerze brannte.

Mom war wohl wieder einmal dagewesen. Ob sie auch wusste, was ihm nun klar wurde?

Weder Papa noch Katha waren hier. Es war nur ein Ort, an dem an sie erinnert werden sollte. Nichts weiter als ein Schatten dessen, was Papa und Katha waren. Plötzlich wusste er, dass er sie wirklich gehört hatte, vor einiger Zeit im Wald.

Sie waren dort gewesen, bei ihm.

Alle beide. Sie waren niemals weit weg.

Zwar waren sie nicht mehr sichtbar, da sie aus dem Schatten getreten waren und niemand, der noch im Schatten stand, sie daher sehen konnte.

Doch inmitten seines Waldes, in den er am späten Nachmittag zurückkehrte, bekam er eine Idee, den Hauch einer Ahnung dessen, was jenseits des Schattens auf ihn wartete – und wer.

Irgendwann einmal. Wenn der Wald sein Aussehen viele Male geändert haben würde, und wenn er durch all seine vielen Wandlungen durchsichtbarer geworden wäre, lichtvoller. Wenn die Sonne und der Mond alles in ihm bereits so oft gesehen haben würden, dass nicht nur sie, sondern auch er, für eine große Reise bereit sein würde. Zu einer Reise, an deren Ende er letztlich seinem Vater und Katha, überhaupt allen, die er liebte, wiederbegegnen würde. Später einmal.

Und bis dahin würde er dem Rauschen des Windes in den großen Bäumen zuhören, ebenso wie dem knirschenden Gemurmel des Schnees, wenn man im Winter durch ihn hindurchwandert. Er würde das Schlafen der Bäche beobachten – genauso wie ihr Erwachen im Frühjahr. Im Sommer würde er sich unter den schönsten Baum im Wald legen, und im Herbst in den bunten Laubhaufen, die durch die abgefallenen Blätter ein Versteck für Igel und andere Tiere bieten, nach Stachel schauen.

In den Nächten würde er nach Gerda, der Eule sehen, an den Tagen nach Kieran, nach seiner Katze und nach Kai. Außerdem gab es ja auch noch seine Mutter, und Oma, die auch dann noch lachen konnte, wenn es sonst niemand mehr schaffte, und die einen dann auch sogar damit anstecken konnte.

Mia und Sam nicht zu vergessen. Vor allem sie nicht! Überhaupt gab es so einiges, was er machen könnte bis es soweit wäre, bis er irgendwann Katha und seinen Vater wiedersehen würde. Mit diesem Wissen fuhr er erleichtert durch den Wald zurück nachhause.

Den Ersten, den er von weitem in seinem Wald entdeckte, war Horst, der zahme und neugierige Keiler. Ihm allerdings wollte er nicht von Frau Kirchberger erzählen, vom Friedhof erst recht nicht. Horst sah ihm mit listigem Blick interessiert und wissbegierig nach, doch Lukas ließ sich nicht erweichen.

Der Keiler brauchte nicht alles wissen. Vor allem nicht diese Dinge.

Denn die würde er sich für Stachel aufheben, für Mama, vielleicht auch für Kai, oder für Mia, seine beste Freundin, die über die Ferien zu Besuch kommen würde.

Eine so wichtige Geschichte würde er einfach nicht jedem erzählen, der da so neugierig, klatschsüchtig und ungeduldig dahergelaufen kam. Für diese Geschichte brauchte man Zeit. Man brauchte viel Zeit, und auch ein wenig Ruhe.

Das war einfach nur eine Geschichte für Freunde. Für richtige Freunde und für jene, die am wichtigsten waren. So viel stand fest.

Und überhaupt würde er heute mit überhaupt niemandem mehr sprechen. Mit Mama vielleicht, aber nur kurz. Und morgen mit Kai, der ganz früh schon bei ihm vorbeikommen wollte, wie meistens. Aber heute wollte er mit niemanden sonst mehr sprechen. Denn auf nichts freute er sich so sehr wie auf einen der ruhigen Nachtflüge von Gerda, der Eule, von Mama noch immer „Gerdi" genannt. Der Name war eigentlich egal. So wie alle Namen egal waren, da es am Ende ohnehin auf etwas Anderes ankommen würde. Mit einem Mal sah sie zu ihm her. Dabei legte sie den Kopf ein wenig schief und öffnete den Schnabel ein ganz kleines Stück. So, als wollte sie etwas sagen. Doch dann schloss sie den Schnabel einfach wieder, irgendwie nachdenklich und rücksichtsvoll, gerade so, als wüsste sie was er dachte.

Und wer weiß, vielleicht wusste sie es ja sogar tatsächlich.

In dieser Nacht schlief Lukas besonders gut.
Vielleicht hing das damit zusammen, dass er sehr stolz auf sich selbst war. Etwas, das er so lange vermieden hatte zu tun, war ihm heute gelungen. Er hatte das Grab besucht. Endlich war es ihm gelungen.
Niemals hätte er in den vergangenen Jahren auch im Entferntesten daran gedacht, dass er dazu jemals in der Lage sein würde. So viel war geschehen seitdem Stachel damals in sein Leben getreten war. So viel vor dem er Angst gehabt hatte war von ihm abgefallen wie eine schwere Last.
Das Leben fühlte sich um ein Vielfaches leichter an, und das spiegelte sich in den Flügen der Eule.
Die Freundschaft mit Kai, mit Mia. Das Gefühl wieder zuhause zu sein, nachdem Sam bei ihnen

gewohnt hatte. Kais Vater, der gar nicht mal so übel war, das Gespräch mit Frau Kirchberger und seine Mutter, die in letzter Zeit ab und zu wieder ein wenig zu lachen begonnen hatte.

Tatsächlich schien sich das in jenem Moment alles in dem Flug der Eule wiederzuspiegeln. Denn fast, obwohl Lukas wusste, dass das nicht wirklich sein konnte, erschien es ihm so, als würde auch etwas in ihm fliegen. Etwas, von dem er gedacht hätte, dass dies nie wieder sein könnte. Selbst in seinen darauf folgenden Träumen blieb diese neue Leichtigkeit. Er träumte von einem großen Fest, zu dem Kai und er eine Liste schrieben, auf der sich die Namen aller Gäste befanden die kommen würden. Mit Kai saß er dabei oben am Katzenfelsen, es war noch hell und warm, wie an einem Sommerabend. Kai erzählte ihm irgendetwas Spannendes, und er hatte wieder einmal einen Haufen Brote dabei. Über ihren Köpfen flogen die Raben. „Sam muss auf die Liste", hörte er sich im Traum sagen. „Und Mias Opa, und Mia sowieso". „Klar", sagte Kai. „Ist doch logisch. Ohne Mia läuft hier gar nichts". Selbst im Traum waren sie sich also einig. Und so hätte Lukas vermutlich noch viele, viele Stunden so wunderbar weiterträumen können, wenn nicht ein sehr bestimmendes Maunzen ihn aus seinen Träumen gerissen hätte. Es war – wie so oft - die Katze, die nach draußen wollte. Zunächst versuchte Lukas noch ihr Maunzen zu ignorieren.

Doch wusste er ohnehin, dass er damit nicht weit kommen würde. Gegen diese Katze hatte er keine Chance, so stur wie sie war.

Sie blickte durchdringend in seine Richtung und maunzte kläglich und fordernd zugleich. Also erhob er sich aus dem Bett, lief verschlafen und barfuß die Treppe zur Veranda hinunter und öffnete ihr die Tür.

Draußen war es bereits hell und die ersten Sonnenstrahlen hatten bereits mehr Kraft als er gedacht hätte.

Warm und hell waren sie. So hell, dass er beschloss, nicht mehr ins Bett zurückzukehren, sondern sich auf die Veranda zu setzen und in der Sonne auf Stachel und auf Kai zu warten. Vielleicht würden sie heute wieder gemeinsam nach dem Phantom im Schacht suchen, oder doch lieber draußen in der Sonne bleiben und ein bisschen palavern?

Über Sam und die Sache mit Frau Kirchberger war das Phantom so ziemlich in Vergessenheit geraten. So ganz sicher war sich Lukas ohnehin nicht mehr ob es überhaupt existierte.

Andererseits fand er es auch gar nicht so wichtig. Wichtiger war es ihm, dass er nun wieder mehr Zeit haben würde um mit Kai loszuziehen.

So etwas war ohnehin niemals unterzubewerten. Soviel war ja sowieso schon einmal klar.

Also: Ob Höhle oder Wald war im Grunde erst einmal egal. Er streckte sich gemütlich auf der Bank vor dem Haus aus und sah sich ein wenig um. Stachel musste ganz in der Nähe sein.

Auch wenn er ihn nicht sah, wusste er es. Das war schon immer so gewesen. Nachher würde er ihm etwas Wasser und ein Schälchen mit Futter hinstellen. Ob er vielleicht Mia nachher anrufen sollte? Noch konnte sich Lukas nicht entscheiden. Es war einfach noch zu früh am Morgen. Und da entdeckte er etwas, oder jemanden: Eine dunkelbraune, fast schwarze Katze, ganz besonders scheu, hatte heute schon in der Nacht den Weg zu ihm gefunden.

Sie hinkte stark, zitterte und wimmerte ein wenig.

Lukas verarztete sie, so wie er es von Agathe gelernt hatte. Anton, der sich wieder einmal nicht nachhause traute, und der zu jeder möglichen Zeit durch die Wälder strich, war genau zu dieser Zeit in der unmittelbaren Nähe zu Lukas´ Haus. Auch er war der dunklen Katze begegnet, doch das war vor Lukas gewesen. Dieser stand nun, während Anton durch den Wald streifte, am Fenster.

Es war das Fenster durch welches er Gerda und ihre nächtlichen Flüge am besten betrachten konnte. Doch jetzt war es Tag.
Und dann, mit einem Mal sah er Anton. Zum aller ersten Mal fiel dieser ihm auf. So als sei er vorher blind gewesen. Für einen Moment trafen sich ihre Augen. Dann rief seine Mutter nach ihm. Was wollte sie denn schon so früh? Kai war am Telefon.

„Räuber ist tot", sagte er nur. Dann nichts mehr.

Lukas tappte die Treppe hinunter, beinahe wie ein Schlafwandler, und doch war ihm so, als habe er grade zum ersten Mal richtig die Augen geöffnet.

Bald darauf wusste er nicht mehr, ob er geträumt hatte oder nicht. Aber er hatte den Jungen doch gesehen. Mit Sicherheit. Jedes Detail an ihm, und das trotz der Dunkelheit. Dann wiederum fand er, dass es nicht darauf ankam ob er geträumt hatte oder nicht. Er hatte diesen Jungen gesehen, und nachdem er ihn gesehen hatte weinte er.

Lukas weinte die ganze Nacht hindurch.

Er weinte wegen Räuber, wegen Katha und seinem Vater, wegen Ruby, Maxime und wegen allem und überhaupt. Während er weinte fiel es ihm schwer zu denken. Nur der Junge und Mia tauchten immer wieder in seinem Kopf auf. Der Junge kam ihm bekannt und merkwürdig vertraut vor.

Wie jemand, den man früher einmal getroffen haben mochte oder wie einen Spiegel des eigenen Selbst. Vielleicht auch wie ein Spiegel für das, was verloren gegangen, oder zumindest in den Schatten getreten war. Verloren ging ja nichts. Es wandelte sich. Und es kehrte zurück- auf die ein oder andere Weise. Aber trotzdem. Am Schmerz konnte das trotzdem in dieser Nacht nichts ändern.

151

Lukas weinte und weinte wie noch nie zuvor.

Er weinte fast einen ganzen Tag und auch die halbe
Nacht hindurch. Würde ihn all das überrollen, die
Trauer ihn mit sich reißen wie eine Welle gegen
die er keine Chance mehr hätte? Würde er in diesen
Gefühlen, mit ihnen abstürzen? Er dachte nun an
Mia und daran, dass er trotz allem hier, auf dieser

Welt, in seinem Bild bleiben musste. Eine Grenze musste gewahrt werden. Trotz allem. Mia war bei ihm. Nicht nur wegen des Windes. Er dachte an alles was sie ihm gesagt hatte und er dachte an sie, wie sie eben war. Es tat gut und war zugleich auch anstrengend. Danach, viele Stunden später, war es ihm leicht zumute.

Noch immer war er zwar in seinem Bild- und doch konnte er nun auch ein wenig fliegen. Denken, so wie Mia es ihm beigebracht hatte, konnte er auch wieder. *WEITER* denken. *WEITER.*
Anton bekam davon nichts mit. Er blieb noch viele Stunden allein im Wald ohne sich nach Hause zu trauen. Selbst als es dunkelte.
Gerda war in der Nähe, auch wenn sie sich nicht verriet.
In dieser Nacht hatte sie besonders viel zu tun.

Als Lukas am nächsten Tag das Bett verließ um zu Kai zu gehen, fühlte er sich mit einem Schlag, auf eine Weise die ihm noch gänzlich unbekannt war, erwachsen.

Nachtflüge
BAND 1

Rabenfedern bringen Glück
BAND 2

Nebelträume
BAND 3

Korax und das Geheimnis
der Kürbisse
BAND 4

(Lukas-Reihe)

Sonderedition: Lukas und
die Geschichte der Schatten

Claudia J. Schulze (Text) ist Autorin und Bibliotherapeutin. Studium des Journalismus, der Psychologie, Philosophie Pädagogik und der Literaturwissenschaften.
Sie arbeitet in eigener Praxis psychotherapeutisch mit Kindern, Jugendlichen und Erwachsenen, und entwickelt interdisziplinäre therapeutische Materialien.
Bereits in ihrer Diplomarbeit, später dann auch während ihrer Promotion, befasste sie sich mit der Frage, inwiefern Literatur sich auf therapeutische Prozesse positiv auswirkt. Kontakt: CJ.Schulze@gmx.de Praxis Dr. Claudia J. Schulze, Grünberger Str. 8, 78052 VS-Villingen

Anke Hartmann (Illustrationen & Titelbild) ist Künstlerin, Illustratorin, Kinderbuchautorin und Geschäftsführerin einer Leipziger Grafik-Werkstatt und des Raumkind-Verlages. Ihre ausdrucksstarken und liebevoll gestalteten Bilder erfreuen sich großer Beliebtheit. Anke Hartmann ist Autorin des Buches: „Die letzte Reise" (Raumkind Verlag)

Helmi Bouker, Arzt und Maler aus Tunesien

Von ihm stammen die paradiesischen, großartigen Bilder, die Ausflüge in exotische, phantastische Welten.

LEAH LÖWENHERZ

Ein Trauerbuch für Kinder

Claudia J. Schulze

Verwaiste Kinder~
Verwaiste Eltern

Claudia J. Schulze / Anke Hartmann

Morgensterne

Bibliotherapie für Kinder

Claudia J. Schulze
Anke Hartmann

Ruby Blue

Leseproben mit Bonus-Geschichte

Claudia J. Schulze /
Anke Hartmann

Mein besonderer Dank gilt Dr. Helmi Bouker. Als Arzt erlebt er täglich viel menschliches Leid, aber auch unvergleichlich schöne Momente. Momente der großen Nähe, des Friedens und der erhabenen Schönheit des menschlichen Lebens-in all seiner Verletzbarkeit. Dies spiegelt sich wundervoll in seiner Kunst wieder, welche er mir erlaubte für dieses Buch zu verwenden. Merci beaucoup, Helmi Bouker! Dieses Buch wird durch seine Kunst mehr von dem bekommen was uns im Leben, und im Tod, beflügelt.